U1020758

美国学校体育研究

杨清琼　著

北京体育大学出版社

策划编辑：王英峰
责任编辑：邓琳娜
责任校对：韩培付
版式设计：久书鑫

图书在版编目（CIP）数据

美国学校体育研究 / 杨清琼著. -- 北京 : 北京体育大学出版社, 2021.6
ISBN 978-7-5644-2840-2

Ⅰ. ①美… Ⅱ. ①杨… Ⅲ. ①中小学－学校体育－教学研究－美国 Ⅳ. ①G633.962

中国版本图书馆 CIP 数据核字(2021)第 096121 号

美国学校体育研究　杨清琼 著
MEIGUO XUEXIAO TIYU YANJIU

出版发行：北京体育大学出版社
地　　址：北京市海淀区农大南路 1 号院 2 号楼 2 层办公 B-212
邮　　编：100084
网　　址：http://cbs.bsu.edu.cn
发 行 部：010-62989320
邮 购 部：北京体育大学出版社读者服务部 010-62989432
印　　刷：北京建宏印刷有限公司
开　　本：710mm×1000mm　1/16
成品尺寸：170mm×240mm
印　　张：11
字　　数：150 千字
版　　次：2021 年 6 月第 1 版
印　　次：2021 年 6 月第 1 次印刷
定　　价：78.00 元

前　言

美国是世界上体育最发达的国家之一，曾四次举办夏季奥运会，是世界上举办奥运会次数最多的国家。除了没有参加1980年在莫斯科举办的第22届奥运会，美国在历届夏季奥林匹克运动会和冬季奥林匹克运动会上都获得较多的奖牌。美国在奥运会上的成绩从来没有跌出过前三名，获奖项目主要有田径、游泳、跳水等。美国的篮球、橄榄球、棒球、网球及冬季运动项目相当普及，水平也相当高。

美国作为世界体育强国，学校体育是其发展的核心因素。在美国的中学，校际比赛非常频繁。各校组成代表队进行各种比赛已形成一种制度。以1976年为例，美国中学进行的篮球比赛已超过50万次；田径、足球、棒球、垒球比赛达25万次；游泳与跳水比赛共7万次。中学体育运动的普及和组织各类比赛的规模，使其有可能选拔和训练出高水平的运动员来从事竞技运动。同时，美国的体育教学条件好、设施多，而且技术先进，据不完全统计，管理全国中学生体育运动的全国中学体育联合会拥有2万多个体育场，1.7万多个田径综合设施，4000多个游泳池。

在美国的中小学里，体育作为基础课受到了普遍的关注。一般来说，体育课在美国中小学课程中所占比例在10%以上。由于各个学校对课程制订具有一定自主权，因此比例会有细微的差别。在近百年世界体育课程改革的各次浪潮中，美国都是积极的参与者，甚至是主导者。20世纪，美国不仅出现了很多著名的体育改革家，而且还出现了许多颇有影响的体育理论流派。这反映了美国体育改革的历史过程，在一定程度上展现了世界体育的发展轨迹。近年来，围绕提高基础教育质量这一主题，美国正在进行基础教育的课程改革，主要集中于各种课程标准制定的改革。美国具有影响力的机构——国际教育委员会是这样概括的：“在过去多年进行的所有教育改革中，没有任何比为学生制定具有挑战性的学业标准（Academic Standard）更有说服力和更具持久性。”这表明了标准（standard）在基础教育改革领域中的突出位置，美国国内也将当前正在进行的改革称为“基于标准的教育改革运动”（Standard-based Reform Movement）。这是美国课程改革史上第一次全面地制定全国性的课程标准，是在长期以来实行地方分权管理体制的背景下进行标准本位的教育改革，期望在一定程度上能够达到统一，以提高整体的教育质量。

20 世纪 90 年代，美国体育和运动协会（The National Association for Sport and Physical Education，NASPE）制定了体育教育指导方针，分别对 K-12（kindergarten-12，基础教育的统称）三个阶段（小学、初中、高中）的体育教育方式进行了规定，并提出和界定了“受过体育教育的人”的概念和内涵。1995 年制定的《迈向未来：国家学校体育标准内容及评量手册》（*Moving into the future——National physical education standards*：*A guide to content and assessment*，简称《国家学校体育标准》），旨在维持和增进儿童青少年的身心健康，并为终身体育活动打下坚实的基础。

20 世纪 90 年代以来，美国中小学的体育教育伴随着基础教育改革的浪潮有了很大的发展。体育教育的任务也逐渐发展到关注健康及获得健康技能。20 世纪 90 年代，公共卫生领域的研究重点集中在提升终身生活方式的身体活动上。指导方针也转移到重点强调保证孩子在校有充足的活动机会及具备在未来生活中的活动技能。同时，美国近代教育一直受儿童中心论学说的影响，体育教学主张发展学生的个性。因此，美国学校体育主张“以学生为中心”“以兴趣为中心”，强调顺应学生个性，呈现出强调“个人发展”和“自我完善”的强烈特征。这一时期美国中小学的体育教育相对以往表现出了前所未有的开放性、丰富性、灵活性和鲜明的时代色彩。

体育教育在学生成长过程中起着非常重要的作用，它能够促进学生身体的发展，可以培养学生良好的生活态度和适应竞争的能力，能激发学生对体育运动的兴趣，并保持个体生理和心理的健康。体育正式成为美国中小学的一门课程已有 100 多年的历史。长期以来，体育随着社会及教育的发展与变化而不断地变化。体育课的目的、内容、教学方法等都发生了很大的变化，特别是人们对中小学基础阶段体育功能的认识已有很大的不同。总的来讲，今日美国中小学体育正不断地向终身化、个体化和健康化的方向发展。美国学校体育在许多方面都更趋科学化，无论是在理论方面还是实践方面，都有许多值得我们学习的地方。因此，对美国学校体育进行深入研究具有重要的意义，对我国学校体育的发展有着重要的启示作用。

目　录

第一章

概念界定和相关理论

第一节　概念界定与解释

根据美国学术界对学校体育（Physical Education）的普遍界定，学校体育一般指公立中小学的体育教育。因此本研究聚焦于美国公立中小学的体育教育活动。

美国教育法规的制定、实施和管理是以州和地方为主的。目前，美国 50 个州都实行义务教育制度，即美国纳税人的子女有权接受政府提供的教育服务，同时美国居民有义务和责任让自己的子女接受教育。美国实行义务教育的年限各州大体相同，基本上实行 12 年的义务教育，也有的州实行 13 年或 14 年的义务教育。

在美国，纳税人子女 16～18 岁之前必须在学校就读。现在许多州要求他们必须就读到 18 岁，也有些州只规定必须就读到 14 岁。学生可以进入公立学校、私立学校或家庭学校就读。在多数公立和私立学校，教育分为三个阶段：小学、初中和高中。学区政府有责任提供该学区内所有学龄儿童的学校教育保障，但是各州对于入学年龄段的要求各有不同。多数人从小学一年级的前一年（通常 5～7 岁）开始接受初等教育，但是典型的教育开始于一年级，直到 12 年级（通常 18 岁）完成中等教育。

美国的中学一般由六年级起算，到八年级为中学（Middle School）或初级中学（Junior High School），共三年；九年级到十二年级为高级中学（High School），共四年。

多数父母会将孩子送到公立学校或私立学校就读。政府的统计资料显示，十分之一的学生进入私立学校就读。与其他大部分工业化国家不同，美国没有全国性中央教育系统。因此，大部分地区的 K-12 学生有机会在免费的公立学校与私立学校之间进行选择。美国的私立学校包括宗教团体的教区学校、非营利的独立学校和营利的私立学校。私立学校的收费根据所处地区、学校开支，以及学费以外的其他资金来源，差异很大。美国的私立中小学又有宗教和非宗教学校之分，但无论是何种私立中小学，都是要收费的。一般来说，教会学校收费低一些，而一些非宗教私立学校收费较高，有的学校一年学费高达 9500 美元，但总的来说，平均约为 3100 美元。

有少部分父母选择在家中教育子女，但必须向所属的学区政府申请，并提出教学计划，如此子女以后才能够取得学历，否则会不被承认。这种教育方式被称为家庭教育（Home Schooling）。有统计显示，目前在家接受教育的孩子约有 100 万名，占学龄儿童总数的 2%。家庭教育的支持者强调家长的责任心，并根据经典的自由主义论点，强调个人自由不应受到政府的干扰。少数支持者提倡家庭教育应当成为主导性的教育政策，大部分家庭教育支持者则是因各种原因对传统学校教育的成效或是内容不满。其中相当大一部分是宗教理由，他们对传统公立学校的非宗教立场，尤其是在科学教育中教进化论而不教神创论的做法不能接受。另一些人觉得他们能够更好地针对学生个体的优势和弱点设计出更适合的课程，还有一些人觉得学校里的负面社会压力（诸如欺凌弱小、吸毒、犯罪等）有损儿童的正常发展。

由于美国公立的中小学教育是免费的义务教育，家长们将子女送入就近学区的公立中小学就读的占大多数。据统计，美国有 87%的适龄学生都在公立中小学就读。因而，公立中小学在美国的中小学教育中一直占据着垄断地位，公立中小学占全部中小学总数的 80%。

美国的公立中小学不仅有稳定的生源，而且还有相当稳定的经费来源（办学经费主要是各级政府的税收支持）。1997—1998 学年，全美中小学校经费支出合计为 3513 亿美元，在总的教育经费支出中占 60.2%，占当年 GDP 的 4.3%。[①]多年来，全美教育经费总额在绝对数量上是不断增加的。由于有政府政策的保护，又经过了 100 多年的发展，公立中小学已有了相当稳固的地位。它在保证每个孩子都有学上这一方面和在教育民主化进程中所起的作用是不可估量的。

本书仅对美国公立中小学的学校体育进行探讨。

第二节 相关理论与方法

李秉德先生是我国现代教学论学科体系的开创者，他在我国教育领域享有盛誉。“七要素论”是李秉德先生教学论思想的核心部分。“七要素论”包括学生、教学目的、教学内容、教学方法、教学环境、教学反馈和教师等七个要素，主要体现在《对于教学论的回顾与前瞻》《教学论》及《时代的呼唤与教学论的重建》这三篇文献中。在各级各类学校的教学活动中，学生是学习的主体，教学活动的根本要素，指教学应注重学生的身心发展水平、已有的知能结构、个性特点、能力倾向和学习前的准备情况等。教学目的是教学活动必不可少的要素之一，不同层次、不同性质或不同方面的目的形成的完整的体系或结构，将落实在学生身上。教学内容或课程是教学活动中最具有实质性的因素，指的

① 杨慧敏. 美国基础教育[M]. 广州：广东教育出版社，2004：120.

是一定的知识、能力、思想与情感等方面的内容组成的结构，具体表现为教学计划或课程方案、各科教学大纲或学科课程大纲、文字的或音像的各科教材。教学方法是教师课内外所使用的各种教学办法、教学艺术、教学手段和教学组织形式，有显性和隐性之分。教学环境包括有形和无形两种，有形的教学环境指校园内外是否美化、教室设备布置得是否完备与整洁，以及当时气候的变化等；无形的环境指师生/同学之间的关系、校风、班风、课堂气氛等。教学反馈是由教学在师生之间信息传递的交互性决定的。教师的思想及业务水平、个性修养、教学态度、教学方法及能力等，是教学活动中起主导作用的因素，否则学习活动就会变成自学。

本书采用李秉德先生的教学“七要素论”[①]——通过学生、教学目的、教学内容、教学方法、教学环境、教学反馈和教师来对美国学校体育中这七大要素进行详细描述，试图勾勒出一幅当今美国学校体育的全貌。

在方法上，本书通过网络查询、数据库检索、图书借阅与购买等多种方式对相关文献进行收集、整理、分析、评述和运用。文献资料搜集工作主要从以下几个渠道展开：EBSCOhost 数据库、洛杉矶业余体育联合会图书馆（http://www.la84foundation.org）、中国知网、美国犹他大学图书馆、中国国家图书馆、北京大学图书馆、北京体育大学图书馆。

同时，笔者还对相关领域的专家学者进行了访谈。访谈方法为面对面访谈与书面交流相结合的方法，访谈形式主要是开放式、非结构性的访谈，访谈内容基本涵盖了本研究的主要议题，访谈对象都在不同程度上给本研究提出了宝贵意见。表 1–1 为

① 李秉德. 教学论[M].北京：人民教育出版社，2001：15-18.

专家访谈对象一览表。

表 1-1 专家访谈对象一览表

访谈对象	机构	职称	主要研究领域
任×	北京体育大学	教授	奥林匹克、比较体育
毛××	北京师范大学	教授	学校体育
周××	首都体育学院	教授	学校体育
田××	北京体育大学	教授	学校体育
王××	北京体育大学	教授	学校体育
袁×	北京体育大学	教授	体育管理
高×	美国犹他大学	助理教授	体育教育

笔者曾于 2008—2009 年在美国犹他大学做访问学者，期间每周去盐湖城当地的“玫瑰园小学”（Rose Park Elementary School）进行调研。通过与当地教师和学生长达一年的接触和相处，对美国的学校体育产生了比较具体感性的认识，这为本研究的开展奠定了一定的基础。

第二章

先行研究的回顾

笔者查阅有关美国体育教育的文章,发现前人对美国体育教育的研究主要集中在以下几个方面。

第一节 有关美国体育课程标准的研究

由于地方分权,美国的基础教育历来没有全国乃至各州统一的教学大纲和教材,教学也没有统一的标准和要求。教与学两者的放任自流,是其基础教育质量不高的一个主要原因。第二次世界大战后,美国虽然进行了一系列的教育改革,但由于没有找到美国教育质量下降的根本原因,又缺乏具体的改革措施,因此教育改革的进程非常缓慢。针对这种情况,为了切实提高美国中小学的教育质量,克林顿政府推出的《2000 目标:美国教育法》(*Goals 2000:Education America Act*)将制定全国性的中小学教育标准,特别是将课程标准作为 2000 年教育目标的主要任务。

《2000 目标:美国教育法》把制定全国性中小学课程标准作为一项主要任务来操作。克林顿上台后,成立了国家教育标准与改进委员会(National Education Standards and Improvement Council,NESIC),该委员会由 20 名成员组成,这些成员包括教育工作者、公务员、工商界和高等教育界的代表,还有课程、评估和改革方面的专家。

国家教育标准与改进委员会的工作职责是制定、实施美国中小学国家课程标准和审核州一级的课程标准。具体工作程序如下:首先,国家教育标准与改进委员会会同合适的机构来决定课程标准的总准则,以此作为判断课程内容标准是否适合国际水平，是否体现良好的教与学中最适合的知识。然后，再由每一门学科的全国性机构分别制定国家课程内容和标准，并提交国家教育标准与改进委员会审查。这些标准如果是遵循总准则的，它们会得到该委员会的确认，并最终上报国家教育目标专门小组复审批准。最后一旦批准，这些课程标准将会作为一个“质量基本标准”供各州自愿采用。正如克林顿所说：“各地对于国家教育标准的采用虽然是自愿的，但是对于国家教育目标的追求，必须成为全国的工作。”①

由于美国的教育是地方分权管理，因此，不可能制定全国都必须采用的、单一的、详细的课程。国家制定的课程标准只确定了各门课程的基本目标和要求，是框架性纲要，各州可根据自己的情况制定具体的标准。因为教育标准的真正实施最终要落实到州，各州在国家课程标准的基础上再制定州一级的教育标准。各州在自愿的基础上，可向国家教育标准与改进委员会提交他们遵循国家课程标准制定的课程标准、学生操作绩效标准、学习计划标准及评估体系，并获得认可。

在这种背景下，美国国家体育和运动协会经过 10 年潜心研究、酝酿，于 1995 年正式颁布美国《国家体育标准》。该标准经过几年的推广实施，2005 年又对此标准进行了修订。美国《国家体育标准》没有对课程性质作具体而明确的定义，而是描述了体育教育的结果、目标，即“一个受过体育教育的人”应该能达到的标准要求。

（1）展示多种运动技能和运动形式，以适应进行各种体育活动的需要。

---

① 王桂. 当代外国教育：教育改革的浪潮与趋势[M]. 北京：人民教育出版社，1995：362-379.

（2）展示对于运动的概念、原则、战术和策略的理解，从而使其应用于体育活动的学习和演示。

（3）定期参加体育活动。

（4）达到并保持一种不断增进健康的体育健身水平。

（5）展现有责任感的个人和社会行为，在体育运动过程中尊重自我和他人。

（6）评价体育运动对于健康、快乐、挑战、自我表现和社会交往的价值。①

这六条目标都非常明确而具体地围绕身体活动来阐释，它们描述了受过体育教育的个体，在身体运动知识、运动能力和生活方式方面应该达到的水平，并指出了个体在社会性的身体教育活动中应具有的行为和认识水平。

国内外在这方面的研究很多，例如，梁国立等学者在《中美体育课程标准之比较——关于课程性质和设计思路的比较》一文中对中美两国体育课程标准的性质和设计思路进行了较为深入的分析和阐述。②张建华等在《当代美国体育课程改革及对我国的启示》中探讨了 20 世纪 80 年代以来美国体育课程改革的背景、存在的危机意识及其原因，分析了美国《国家体育标准》的特点及与各州标准之间的关系，并对体育课程改革的特点进行了全面深入的剖析。同时，他们在此基础上也为我国的体育课程改革提出了建设性的建议。③伊向仁等在《美国〈国家体育标准〉

① 耿培新，梁国立. 美国学校体育国家标准研究[M]. 北京：人民教育出版社，2007：200.

② 梁国立，高嵘. 中美体育课程标准之比较——关于课程性质和设计思路的比较[J]. 课程.教材.教法，2004（6）：91-95.

③ 张建华，高嵘，毛振明. 当代美国体育课程改革及对我国的启示[J]. 体育科学，2004，24（1）：50-52.

与中国〈课标〉制定、实施和评价状况的研究》中对美国各州参照美国《国家体育标准》制定的本州体育标准及实施和评价状况进行了分析，并与我国的课程标准进行了对比[①]。阎智力等在《中美中小学体育课程目标比较研究》一文中对中国和美国中小学体育课程目标进行了对比，认为中美两国中小学体育课程目标向多元化的方向发展，中国与美国的中小学体育课程目标都突出了两条主线，中国除运动主线外，还突出了健康主线，美国则主要突出运动与发展两条主线，这说明美国非常注重学生在体育课程学习过程中的个人发展和社会化发展[②]。陈金凤的论文《中美体育课程标准的比较研究——美国体育课程标准的变化对我国体育课程改革的借鉴与反思》对美国 1995 版和 2005 版的美国《国家体育标准》进行了解读与分析，研究得出了两版体育标准的七点共性特征。她从两版体育标准的内容标准、水平划分标准、评价标准三方面进行对比分析，找出了两版体育标准的变化，并对美国《国家体育标准》带给我国的体育与健康课程方面的启示进行了详细论述[③]。

以上研究分别从不同的角度对美国《国家体育标准》进行了较为深入的分析，但各研究均是从理论上对美国《国家体育标准》进行阐述，并未见有通过美国《国家体育标准》对美国学校体育现状所产生的影响及两者相互关系的探讨，本书将力图从体育课程标准这一切入点进行较为深入的分析和阐释。

---

① 伊向仁，张瑞林，陈安，等. 美国《国家体育标准》与中国《课标》制定、实施和评价状况的研究[J]. 体育学刊，2006，13（6）：87-91.

② 阎智力，金玉光. 中美中小学体育课程目标比较研究[J]. 天津体育学院学报，2005，20（1）：37-40.

③ 陈金凤. 中美体育课程标准的比较研究——美国体育课程标准的变化对我国体育课程改革的借鉴与反思[D]. 南京：南京师范大学，2007：12.

第二节 有关美国体育课程模式的研究

苏珊（Suzan）等在《美国体育教学研究的新进展》中指出，目前，有影响的美国体育课程模式包括：①社会和个人责任模式（Hellison，1995）；②与健康相关的体育模式（McKenzie，Sallis，Faucette，Roby & Kolody，1993）；③整合的体育模式（Placek，1996）；④竞技运动体育模式（Siedentop，1994）；⑤最佳体适能教育计划（AAHPERD，1987）；⑥理解性的探索策略/游戏模式（Griffin，Mitchell & Oslin，1997）；⑦历险和户外活动模式（Dyson，1995）。一些课程模式是很有前途的，而一些模式还没有进行实证性检验。例如，海尔森（Hellison）的社会和个人责任模式，在理论上是有价值的，但它缺乏实践上的支持。

竞技运动体育模式（Siedentop，1994）是一个被广泛使用和研究的课程模式，并且已经证明它能促进学生技能的改进（Ormond，Christie，Barbieri & Schell，2002），给参与者带来极大的乐趣（Hastie，1998）。莫尔（Mohr）等人在《初中体育课反思：将终身休闲活动和竞技教育结合起来推动学生的身体活动》一文中指出，竞技运动体育模式被形容为“设计出的一项课程和指导模式，用来在学校体育中为孩子们提供可信的、有教育意义的、丰富的竞技运动经验”（Siedentop，1998）。“竞技运动体育”这个名字并不表示竞技运动是这个课程和指导模式里唯一合适的内容。西登托普（Siedentop，1994）指出这种模式很容易适应包括典型的以团队为主的竞技体育活动在内的各种活动。根据它的适应性特点，竞技体育教育模式的主要目标是使学生成为有能力的、有文化的、热衷于竞技运动的人

（Siedentop，1994）。

对竞技体育教育的研究显示，它的存在能给许多体育教师和学生带来益处（Alexander，Taggart & Luckman，1998；Hastie，1998）。对学生来说，益处包括：①提高个人在体育教育上的投入；②增加女生和低技能学生的参与机会；③提高学生的成绩水平。对体育教师而言，益处包括：①提高直接指导的自由度；②对学生个人需求提供更多的机会；③重建教学兴趣。[①]

阿尼特（Arnett）等在《以竞技运动为基础的体育课对身体活动的影响》中指出，以竞技运动为基础的体育课可能并不总是有益的（Carlson，1995；Cothran & Ennis，1996；Ennis，1996；Portman，1995）。有几个模型被建议用来为不同的学生提供更积极的竞技运动经验（English，1988；Grant，1992；Siedentop，1995；Young，1988），因为竞技运动可能会使得运动没有乐趣，不能为冒险的活动提供安全的环境，不能为所有的学生提供平等的机会，甚至不能体现竞技运动的本质。这些学者还指出，如果不改革以竞技运动为基础的体育课程，竞技运动将不能成为体育课有价值的一部分而继续受到攻击。到现在为止，竞技运动体育模式（English，1988；Grant，1992；Siedentop，1995；Young，1988）还没有将身体健康和技能发展融入以竞技运动为基础的体育课程中去。[②]

以上两派观点各执一词，表明竞技运动体育模式并不是完美的体育教育模式，或许也不存在完美的体育教育模式。但教育者

① Mohr D J，Townsend J S，Pritchard T. Rethinking Middle School Physical Education：Combining Lifetime Leisure Activities and Sport Education to Encourage Physical Activity[J]. Physical Educator，2006，63（1）：18-29.

② Arnett，M G.The Effect of Sport-Based Physical Education Lessons on Physical Activity [J]. Physical Educator，2001，58（3）：8-10.

可以充分发挥其优点，尽力修正其存在的缺点，从而使这种体育教育模式在现实体育教育中发挥最大的优势和作用。

另一种广泛使用的课程模式就是最佳体适能教育计划，它是美国健康、体育、娱乐、舞蹈联盟（American Alliance for Health，Physical Education，Recreation and Dance，AAHPERD）于 1987 年提出的一项旨在建立一个能协助体育教师帮助青少年儿童理解终身体育活动的价值、意义并养成健康行为习惯的教育计划。最佳体适能教育计划经过这些年的发展，已经被美国很多中小学所接受。它体现了美国中小学体育课程发展的新趋势，即终身化、个性化和健康化。

最佳体适能教育计划包括主体和辅助两大部分，主体部分包括理论知识教材、体适能测量与评价，以及“保持积极”表彰系统三部分；辅助部分主要包括残疾人“最佳体适能”、提高青少年体适能教学法、营养与“最佳体适能”三部分。

这种课程模式注重学生自我学习能力和自信心的培养。学生要自定目标、自我检测，根据测试结果调整自己的目标和计划，然后继续锻炼，并且它还会根据不同学生的实际进步情况进行奖励，而不是仅仅奖励最优秀的学生。因而它能激励所有学生的内在动机，调动他们的学习积极性，建立成就感。这些均与其终身体育的个性化目标相吻合。[①]

刘海元在《美国体育课程模式对我国体育与健康课程改革的启示》一文中，对美国体育课程动作教育模式、多种活动模式、户外冒险活动模式、运动教育模式、知识观念模式、体适能教育模式、社会发展模式、学习结果模式这八种课程模式作了简单的

① 柯森，等. 当代美国中小学课程概观[M]. 广州：中山大学出版社，2005：78.

介绍，得出对我国体育与健康课程改革的若干启示。[①]张兆斌等在《中美体育教学模式的比较研究》中对中美两国学校体育中的常见教学模式进行了对比分析，指出美国的体育教学模式有竞技体育教学模式、健身体育教育模式、社会责任教育模式和学科联合教育模式，文章从指导思想、教学过程结构等主要内容入手，分析其特点，提出：美国的体育教学模式针对性强，兼具理论性、可操作性和实效性，这是其超越我国体育教学模式的优势所在，值得我们学习和借鉴，并对此提出了相应的建议。[②]高振发在《美国、德国体育教学模式的比较研究》一文中以美国、德国的体育教学模式及其特点为研究对象，对美国、德国学校体育教学模式中的教学指导思想、教学目的、操作程序、师生关系这四类要素进行了较为系统的比较研究，并与我国学校体育中长期占统治地位、至今仍发挥着作用的“三基”教育模式进行了对照，阐明了我国体育教学模式与美、德两国的主要差异。[③]曹铭亮等在《美国体育教育模式概述》一文中对美国体育教学的运行情况、教学主导思想、教学的课程设置、教学模式及教学组织管理做了总结，整体反映了美国体育教学的特点。文章指出，近年来，美国较有代表性的体育教学模式主要有四种：达里尔·西登托普（Daryl Siedentop）的竞技体育教学、汤姆·麦肯齐（Tom Mackenzie）的体育健身教学、海萨姆（Haytham）的培养学生对个人和社会责任感的教学，以及将体育

① 刘海元. 美国体育课程模式对我国体育与健康课程改革的启示[J]. 西安体育学院学报，2008，25（1）：106-109.

② 张兆斌，窦晓宁. 中美体育教学模式的比较研究[J]. 南京体育学院学报（社会科学版），2007，21（5）：86-88.

③ 高振发. 美国、德国体育教学模式的比较研究[J]. 南京体育学院学报（社会科学版），2004，18（5）：58-60.

与其他学科相结合的教学。[1]

以上各项研究均对美国的体育教育模式进行了介绍和评论，并与我国的体育教育模式进行了对比，但是笔者并未见有对各项美国体育教育模式进行深层次的剖析，也未见有对其与所影响的美国学校体育现状的关系进行阐述，研究有待于进一步深入。

第三节 有关美国体育教育评价的研究

美国体育教学评价的内容主要包括认知、情感和身体三个方面。以最佳体适能课程为例，具体分为五个方面，健康体适能评价内容各部分所占的比例分别为：健康概念知识、健康测验、身体活动的努力水平、健康技能的应用、对身体活动的态度。从以上各部分所占比例可以看出，对身体活动的态度、健康概念知识及身体活动的努力水平受到了普遍重视，这充分体现了终身体育目标的客观要求。[2]

格里戈里·J. 韦尔克（Gregory J. Welk）对身体活动的三种评价工具分别做了描述和介绍。其中，心率监控器（Heart Rate Monitor）是广泛应用在体育教育中的一种评价工具，用来帮助学生了解心血管系统的功能和监控个别目标心率范围所费的时间。心率监控器因为能降低处理数据的时间，所以使用起来非常方便。教师能使用心率监控器来估计班级学生参与身体活动的百分比，定期的心率监控也能提高健康教育和师生的健康意识。计步

① 曹铭亮，渠广伟. 美国体育教育模式概述[J]. 解放军体育学院学报，2004，23（4）：126-128.

② 姚蕾. 体育教学论学程[M]. 北京：北京体育大学出版社，2005：36.

器（Pedometer）也是适合在体育教育中测量身体活动的评价工具，它能有效、客观并及时地进行反馈。许多研究指出，计步器在所有的身体活动水平上的信度和效度都很高（Crouter，Schneider，Karabulut & Bassett，2003；Tudor-Locke，Ainsworth，Thompson & Matthews，2002）。许多专业著作也表明，使用计步器来评价体育教育里的活动模式非常有效（Beighle，Pangrazi & Vincent，2001；Scruggs，et al.，2003；Vincent & Pangrazi，2003）。使用计步器独一无二的好处是它能有效地促进身体活动（Morgan，Pangrazi & Beighle，2003）。教师们可以给学生提供计步器让他们监控自己在几天（最好是一个星期）内的活动水平，以促进他们的健康意识和自我监控技能（Wilde，Corbin & Le Masurier，2004）。自我报告工具（Self-Report Instrument）是在身体活动评价中运用最广泛的一种方式，而且可能是最适合在体育教育中使用的评价方法。自我报告是指参与者报告或记录他们身体活动的参与情况或典型水平。自我报告工具的一个主要优点是，它能使一大群人在时间和花费上划算而有效。这种工具能提供非常详细或概括的身体活动信息。自我报告工具的缺点在于它们容易产生错误和偏差。由于认知和记忆能力的发展差异，孩子们不太可能做出比成人更精确的自我评价报告。自我报告工具的低花费、易用性及它的教育潜力使它非常适于在体育课上使用。①

张建华等在《当代美国体育教学评价的改革》中对 20 世纪 80 年代以来美国基础教育改革中引起广泛关注的替代性评价的性质、特征及其改革的背景和理论基础进行了分析，并探讨了替代性评价在体育教学评价改革中的意义，以及当前所面临的挑

① Welk G J. The Role of Physical Activity Assessments for School-Based Physical Activity Promotion [J]. Measurement in Physical Education and Exercise Science，2008，12（3）：184-206.

战，指出替代性评价对我国体育教学评价改革具有十分重要的借鉴意义。[①]张细谦等在《中日美体育学习评价的比较》一文中指出，由于社会背景、文化传统、经济发达程度和教育体制与体育发展水平的差异，中国、日本和美国体育学习评价的目的、内容和方法各具特征，但又具有一些共性。他们针对我国体育学习评价中存在的问题，提出了改革的几点建议。文中对美国最佳体适能教育计划的评价方法——自我评价、同伴评价、教师对学生的评价及文件夹评价分别做了简单的介绍。[②]魏玉存在《中美体育教学评价比较》一文中通过中美体育教学在评价目标、评价方法、评价内容方面的比较研究，阐述了我国体育教学评价的一些做法有违素质教育应使全体学生获得发展的宗旨，提出我们应借鉴美国体育教学评价的一些做法，进行体育教学评价体制的改革。[③]

以上各项研究均从宏观上对美国学校体育评价进行了介绍和分析，并与别国的学校体育评价进行了横向对比，但笔者并未见有对美国学校体育评价的整体进行详细描述的文章，这使得读者对美国学校体育评价只有理论上的认识，并无具体的感受和了解。本书将力图对美国学校体育评价进行全方位的、详细深入的描述和分析，以提供有关美国学校体育评价细致准确的信息和较为深入的分析和探讨。

① 张建华，杨铁黎．当代美国体育教学评价的改革[J]．天津体育学院学报，2002，17（1）：64-67.

② 张细谦，曾怀光，韩晓东．中日美体育学习评价的比较[J]．体育学刊，2001，8（6）：80-83.

③ 魏玉存．中美体育教学评价比较[J]．哈尔滨体育学院学报，2007，25（3）：62-63.

第四节 有关美国体育教师的研究

美国国家儿童和青少年健康研究中心“关于小学、初中和高中体育教育”的研究结果，建议体育教师应该接受专业水平的等级培训。体育教师资格标准阐述了体育教师教授各种水平的体育运动应具备的资格，这对志愿者和学校体育教师有导向作用。在要求体育教师必须具有资格证书的州，学校行政人员不仅要审核所聘用的体育教师的资格证书，还要审核其所学专业的成绩证书。同时，州政府应要求“国家教师任职资格证书委员会”与“国家体育和运动协会”合作，实施体育教师培训计划。①

李丽在《中日美等国中小学体育教师培养模式比较研究》一文中对美国、日本等国体育教师的教育目标、教育特色、教学计划、专业与课程设置、学习评价及职后教育的特点进行了分析，并为我国体育教师培养模式的定位提供了建议。②陈玉忠等在《美国体育师资培养和管理的特色及其启示》一文中指出，美国的体育师资培养在体育师资的管理、体育专业教育的课程设置及在职体育教师的继续教育等方面有着鲜明的特色。美国体育师资的培养经验对我国体育师资的培养有着一定的启发和借鉴意义。③张妙玲在《美国基础教育体育教师资格认证标准及其启示》一文中对 20 世纪 80 年代以来美国基础教育改革的基本情况和美国

① 姚淳. 美国学校体育教育计划研究[D]. 北京：首都师范大学，2004：78.

② 李丽. 中日美等国中小学体育教师培养模式比较研究[J]. 武汉体育学院学报，2006，40（1）：77-80.

③ 陈玉忠，徐箐. 美国体育师资培养和管理的特色及其启示[J]. 体育文化导刊，2005（9）：59-61.

体育教师资格认证标准进行了介绍和探讨。她认为，为了提高体育教师的专业素质，我国的体育教育改革应借鉴其经验，努力构建符合我国国情的体育教师资格认证标准。[①]姚淳在其硕士论文《美国学校体育教育计划研究》里介绍了美国体育教师与其他学科工作人员及与社会工作人员的关系。

以上各项研究分别从体育教师的培养模式、培养内容、资格认证等几个方面进行了介绍和分析，但笔者未见有对美国学校体育教师现状进行全面介绍和深入分析的文章，这是目前对美国学校体育教师研究的空白之处。本书将力图对美国体育教师队伍情况进行较为完整详尽的描述和分析。

第五节　有关美国体育现状的研究

布赖恩·麦克利克、刘文浩在《美国的体育与竞技运动：两者的比较与对照》一文中从美国学术界的角度粗略地叙述和讨论了体育与竞技运动的基本概念，以及两者的不同与联系之处。[②]周传志在《当代美国体育发展的特点及其启示》中指出，第二次世界大战后，美国的体育获得了很大发展，在发展过程中，学校体育的重点时有起伏，美国体育在发展的同时也暴露出了一些不足。我们在今后的体育发展中应注重“体教结合”，重视人的全面发展，培养体育社团，防止其他因素对体育发展的过多干涉。[③]

① 张妙玲. 美国基础教育体育教师资格认证标准及其启示[J].体育学刊，14（1）：105-107.

② 布赖恩·麦克利克，刘文浩. 美国的体育与竞技运动：两者的比较与对照[J]. 体育学刊，2000（3）：123-128.

③ 周传志. 当代美国体育发展的特点及其启示[J].体育文化导刊，2006（4）：78-80.

颜丽君等在《美国学校体育教育与社会体育教育关系研究》一文中以近年来美国在学校体育教育与社会体育教育之间所做的大量工作为实证，通过重点论述美国综合性健康计划，进一步阐明了社会体育教育与学校体育教育相配合对青少年体育锻炼和体育价值观形成的重要性，并结合我国体育教育的发展现状进行了简单论述。① 李佐惠在《美国学校竞技运动争论的问题与启示》一文中对美国学校竞技运动关于校际体育比赛的争论、业余运动与职业竞赛的争论、“体育发展”与“学生发展”的争论、商业化和企业化争论的问题作了简述，并从中得到三点启示：美国人把教育与运动的问题看得很重，这一点值得我们借鉴；美国校际体育竞赛活动由开始只热衷“几个热门项目”发展到内容丰富、形式多样的项目，这一成功举措值得我们学习；美国校际体育竞赛活动已经发展成为美国竞技体育的重要组成部分，这一成功的历史经验值得我们思考。② 张宏喜的硕士论文《英、美国家中小学体育健康教育研究》从体育健康课程、体育健康教育模式、学校体育资源保障与体育教育评价四个方面对英国和美国的中小学体育健康教育进行了描述和分析。③

综合以上情况，可以发现当今学术界对于美国学校体育的研究多是从美国体育教育的某一方面进行论述，这些研究能够站在美国体育教育发展的整体高度上对其某一方面进行综合性的概括分析。然而，其中许多内容较空泛，并未对现今美国体育教育

① 颜丽君，艾谢阳. 美国学校体育教育与社会体育教育关系研究[J]. 体育科技（广西），2008，29（2）：15-18.

② 李佐惠. 美国学校竞技运动争论的问题与启示[J]. 体育文化导刊，2007（8）：76-78.

③ 张宏喜. 英、美国家中小学体育健康教育研究[D]. 上海：华东师范大学，2008：8.

的现状进行准确的描述，也没有对原因进行全面深入的分析；研究偏重于理论层次的论述，分析多从政策或文化角度出发，线条较粗。这使得整体的研究尚不能勾勒出当今美国学校体育的全貌，也没有对当今美国学校体育的现状进行深入透彻的分析。本书力图从这些方面突破，试图对美国学校体育的整体现状进行较为详细的描述，并对其进行较为深入的剖析和探讨。

第三章

美国学校体育的研究内容

第一节 美国学校体育的历史发展概况

体育起源于公元前 500 年的希腊，当时身体健康的观念集中表现在古代奥运会的方方面面。美国体育教育在公立中小学方面的历史相对较短。在美国历史文档中第一次出现体育教育的概念是本杰明·富兰克林（Benjamin Franklin）提出的，但直到 19 世纪体育教育才进入学校课程。查尔斯·贝克（Charles Beck）是美国历史上第一位体育教师，他于 19 世纪 20 年代在马萨诸塞州北安普顿的圆山学校（Round Hill School）开设了体育教育的课程（Sparkes，Templin & Schempp，1993）。在这段时间里，体育教育仅仅和男性有关，直到凯瑟琳·比彻（Catherine Beecher）在 1823 年将柔软体操作为课程介绍给哈佛女子神学院的年轻女士们，情况才有所改变。她创建这个项目的目的就是提高在校女生在社交和公共场合时的体态和姿势（Davenport，1980）。1850—1900 年间，达德利·萨金特（Dudley Sargent）将已经存在于私立学校的健康和重量设备引入柔软体操的项目中。另一位对美国体育教育有影响的人物是法国的皮埃尔·德·顾拜旦，1913 年，他在《体育心理评论》一书中介绍了体育心理学的观点（Cratty，1989）。这种观点传到美国，促使美国的教育者们从“健康的身体”到“健康的心理”思考体育教育在学生的全面健康中所具有的重要性。1851 年，基督教青年会（Young Men's Christian Association，YMCA）使体育发展在美国开启了新的篇章，它使许多运动流行起来，并被普及到了体育教育中。内战以后，丰富的学校体育内容设置在全国范围内流行起来。人们相信那些固定参加体育课的学生更健康，身体更好，更有能力避开成长期中的不利因素。因为需要提升运动员的力量和健康程度，所以大学在20 世纪初期引入了竞技体育项目，这对普及体育教育也起到了很大的推动作用。第一次世界大战爆发时，体育教育因为学校里缺少男生而逐渐衰落。战后，它又重新流行起来，直到第二次世界大战爆发。这场战争使得美国人逐步提高了他们的健康技能。男人需要提高健康水平来为战争服务，女人也不得不适应战时劳动对她们体力上的要求。

到 20 世纪 50 年代，体育教育在美国四百多所大学和数千所中学里成为一种必修内容。1950 年，朝鲜战争爆发时，发现许多男性的身体条件达不到参战的要求。促使 1956 年艾森豪威尔总统成立了“总统体质委员会”（President’s Council on Physical Fitness），通过颁发全国中小学的体育教育指导，支持提高学生的健康标准。肯尼迪总统也支持“总统体质委员会”，并对发展符合学生特殊需求的体育教育表现出很高的兴趣，肯尼迪总统大力支持他妹妹所作的努力，她在 1962 年发起了特奥会。1966 年，约翰·逊总统创立了“总统适能奖”（Presidential Fitness Awards）来奖励那些通过所在学校一系列测试，达到规定的体能水平的学生，测试的内容对军事准备有着重大的意义。这些测试包括引体向上、俯卧撑、短跑、长跑、立定跳远和投掷项目（Hartman，2001）。这些项目至今仍然出现在许多体育课上。

下一个对体育教育产生重大影响的时间点出现在 1972 年，即“性别平等法”（The Gender Equity Act）的颁布，它在所有联邦政府资助的教育项目中消除了性别歧视。这个法案为妇女参加竞技体育提供了无数新的机会。20 世纪 80 年代，体育教育课程在学校里得到发展和贯彻，大部分课程的创立都是以提高学生的健康水平、运动技巧和提升游戏及健康生活方式方面的知识为基本目标的，它们成了中小学的指定项目。每个项目都针对目标学生的成熟度和年龄设定，并都能通过不同方式来达到不同水平学生的指定目标。

上述内容对美国体育教育的历史进行了一个概括性的描述，本书根据美国历史的发展将 20 世纪 90 年代以前美国学校体育的发展分为四个阶段，分别阐述如下。

一、殖民地时期（1607—1783）

美国殖民地时期以前的体育是极其贫乏的。早期的殖民者主要是英裔。他们起初到达美国时，都是通过艰苦的劳动来生存，几乎没有闲暇来娱乐身心；加之他们大多是清教徒，约束身心的教规使他们避免了一切刺激与娱乐。17 世纪 30 年代，虽然一些学校相继兴办，但其所接纳的仅限于特权阶层和家境殷实的孩子。中小学教育以知识传授为主，当时人们的观念是获得一系列的知识应重于参与粗犷喧嚣的游戏。

18 世纪初，包括运动和游戏在内的身体娱乐在两类人群中盛行。一类是定居纽约的荷兰人，他们有参与舞蹈、游戏和运动等娱乐活动的传统。另一类是定居弗吉尼亚的英国教徒，他们少有清教徒那么多的束缚，加上当地气候宜人、土地肥沃，贵族群体不断扩大、闲暇不断延长，这使他们不仅能参加骑马、打猎、钓鱼、游泳、舞蹈等活动，而且早期的高尔夫和网球活动也都因此得以发展。到 18 世纪末，这些活动在全美贵族中得到了普及。①

这一时期无人关注学校的体育活动，此时的中小学教学强调

① 龚正伟，黄超文. 美国体育溯源：1600—1918 年[J]. 中国学校体育，2000（6）：64-65.

3R（reading，writing，arithmetic，即能读、能写、能算）。教师也没有什么教学方法，并且中等学校的学生主要是为升入高一级的学院做准备。参加体育活动被普遍认为是浪费时间。

二、民族独立时期（1784—1860）

在1784—1860近80年的时间里，美国的经济和文化发生了重大的改变。运动、娱乐和体育的角色地位逐步凸显了出来。新的高效农业方式的普及使得人们获得了更多的闲暇；科学技术的进步及都市化的发展使运动和游戏不可避免地融入了体育中。随着中产阶级的不断成长壮大，一种新型的中等教育学校沿西海岸迅速发展起来。中世纪的经院哲学（欧洲中世纪与宗教神学相结合的唯心主义哲学）在全日制学校教育课程中的影响渐弱，这促进学校教育的目标向培养有效益的成年生活迈进。卫生学的引入明显地鼓励着经历数小时课堂学习后的学生积极参与运动和游戏，促进身体健康。

19世纪20年代中期，查尔斯·贝克（Charles Beck）首次将德国的杨氏体操引入马萨诸塞州的一所私立小学。之后，又有人将体操引入其他中小学和大学。然而，此时他们的努力所产生的影响并非立竿见影，直到19世纪40年代也并没有多少体育的新内容进入学校体育中。

虽然，这一时期许多学校还不曾有体育计划，但从19世纪50年代开始，许多中小学开始对体育产生兴趣。一些重要的体育内容也逐步获得了长足的发展，并确立了其在学校体育中的重要地位。其中，最重要的就是1848年特纳体操（Turner）的创立与发展，当时它迅速地超过了德国体操的发展速度。由于体操受到了人们的普遍关注，许多中小学纷纷开设体操课。许多公立学校开始要求每天的学校课程中都要包括一定时间的体操锻炼。

1853 年，波士顿成为最早要求全市儿童每天做体操的城市。著名的学校体育倡导者 J.斯韦特（J.Swett）安排了更多的时间在体育课上，这大大提高了教学的质量，引起了社会与其他学校的普遍关注。

体操在美国中小学的广泛开展被认为是体育课程在美国中小学的正式开始。同时，另外一些重要的体育活动内容的产生对学校的影响及确立其在学校中的地位，经过较长时间的发展后也逐渐显现了出来，例如，1860 年出现的棒球、游泳、划船、足球、摔跤等。

在这一时期，体育在中小学还没有得到普遍的支持，但是已经有了试验性的尝试。富兰克林对于学校体育的价值给予了肯定，各种不同的运动项目在中小学里得到了一定的发展。同时凯瑟琳·毕彻，G. 温希普（Catherine Beecher，G.Winship）及其他人做了很多工作，使美国的学校和社会更能接受他们的体育思想。有人曾经很恰当地评述了他们贡献的实质："在 1820—1845 年这四分之一世纪中，教育家、医生和改革家在有关体操、游戏竞赛运动所产生的体质同智力和精神利益之间的关系方面，开始提出了哲学的理论基础。"体操逐渐走进中小学的课堂。

三、内战至第一次世界大战时期（1861—1915）

南北战争被认为是美国的第二次民族革命，这次革命意义重大的战争的痛苦激起了强烈的民族主义及不可动摇的民族团结意识。美国人民充分认识到民族间增进交往与经济发展对整个国家的重要性。因此，这一时期美国的农业、工业快速发展，土地边疆争端结束，城市化兴起。

社会的发展同样促进了教育的大发展。受 C. 达尔文、H. 斯宾塞、约翰·杜威（C.Darwin，H.Spencer & John Dewey）等人的影响，旧的经典性的课程不断扩大，人们对教育的认识也更为科学化；科技的进步给人们带来了更多的余暇；中产阶级的迅速扩大使人们对教育更加密切关注；医学对卫生学的影响使人们更加知道健康的重要性。

上述原因推动了美国中小学体育教育的快速发展。在南北战争时期，许多学校以军事训练代替体育锻炼。战后仍然有些大中学校想要保留军事训练，但遭到了学生的反对。H. 斯宾塞倡导的以实用思想为导向的科学化运动对体育的影响日益增强，这给人们留下了深刻的印象。如人体测量、测力器的使用、运动成绩测验、迅速接受根据生理学原理精心编订的瑞典林氏体操和教育体操、比较充分全面地培养体育教师及体育促进会的建立。到19世纪末，发育主义教育运动，也叫心理学运动迅速发展。心理学运动使人们认识到了儿童和青少年的身体和心理发展的重要性。人们逐渐改变了以往中小学不宜普遍进行体育活动的看法。许多人认识到应通过身体活动、自愿活动和创造性活动促进儿童的发育。

这个时期中小学体育课程的目的是促进儿童的健康成长。美国著名体育运动先驱萨金特（Sargent）博士在1883年发表的一篇文章中写道："肌肉活动的目的，不仅在于获得肌体的健康和优美，而且要打消病态的心理倾向，驱除意志消极的阴影，并且保证精神的安定。体操也在公立中小学校中得到了更加普遍的推行。因此，体育在学校课程中的地位被一劳永逸地确立起来了。"①

体育课程之所以能在美国中小学得以确立，其中一个重要的原因就是各州体育立法的实施。一般认为，俄亥俄州在1892年通过的体育法律是美国最早的体育立法。当时的体育法规定全州较大的学校必须设置体育课，1904年，修改为所有的学校一律设

① 范冷达. 美国的体育[M]. 张泳，译. 北京：人民体育出版社，1991：87.

置体育课。1894年，路易斯安那州制定了本州的体育法。1897年，威斯康星州通过了一项伸缩性的体育法案。两年以后，北达科他州也制定法令，要求所有的普通学校教授体育课程，“通过系统的身体操练，以锻炼身体，促进健康”。宾夕法尼亚州在19世纪90年代曾为体育立法尽了很大的努力，并于1901年成功地制定了体育法。体育法令的建立使各个州中小学纷纷聘请体育专家制订学校体育计划。1905年，52所城市学校的体育计划表明，小学每天教授至少15分钟体育，中学每周至少上两节体育课。显而易见，体育课程已被美国的中小学广泛接受。当然并不是所有的美国中小学都制订了体育计划，事实上，在城镇和乡村直到第一次世界大战都还没有一所学校有计划和正规的体育课程。

四、第一次世界大战到20世纪90年代（1915—1990）

这一时期虽然只有75年，但它是美国历史上体育教育发展最快、跨越最大的一个时期。在此阶段，美国既经历了经济危机、第二次世界大战，又经历了经济发展的黄金期。尤其在第二次世界大战以后，美国的经济得到了迅速的发展，社会积累不断增加，科学技术突飞猛进，生产力水平不断提高，给体育的发展带来了有利的条件。

美国于1917年4月卷入第一次世界大战中，这使其在教育领域重新强调军事化运动。1918年的全国教育学会曾经竭力要求在中小学实施军事训练。有些中小学干脆以军事训练代替体育训练，强调通过运动帮助人们适应军事生活。不过，第一次世界大战结束后，学校的体育课程也就取消了军事训练，正式的体育活动又进入了课堂。

第一次世界大战结束后的10年，美国的教育经历了一个黄金发展时期，争取普及免费义务教育运动持续发展。这时的入学儿童人数，小学增加了 11%，中学增加了 66%。受心理学运动和约翰·杜威实用主义教育思想的影响，出现了新式教育，学校更强调儿童的兴趣，更注重儿童身体的发展。由于心理学发展的强大力量，T. 伍德和 C. 赫瑟林顿（T.Wood & C.Hetherington）将其创立的“新体育”（New Physical Education）直接应用到了中小学体育当中。“新体育”主要有三方面的贡献：①该理念提出了至今仍有影响力的“通过身体（活动）的教育”的体育思想，使体育在教育中成了不可缺少的内容。②它奠定了竞技（sport）在学校体育中的地位。在此之前，学校体育的内容是欧洲体操，英国的户外运动在体育圈之外，人们尚未认识到户外运动的教育价值。新体育思潮的领袖们认识到了竞技的教育价值，且其趣味性使人们愿意抛弃枯燥的体操，把竞技运动作为体育的内容，奠定了竞技运动作为体育手段的地位。③它标志着体育已经从卫生领域切实转向教育领域，成为教育的一部分，使人们逐渐形成了体育是教育不可或缺的组成部分的认识。

第二次世界大战前，美国公立学校的体育立法已大大加强。到 1930 年已有 39 个州通过了有关学校体育必修课的法律。中小学体育课程的内容变得更加丰富，包括田径、体操、垫上运动、足球、游泳、橄榄球、排球、篮球等。在体育的教学方法上更加倾向于科学化。在这一时期，人们越来越强调“基本功”的教学，也就是把一项运动分成若干基本动作或基本技巧来进行集体教学。20 世纪初，体育班一般是比较大的，有时甚至可以达到 100 人。但在 20 世纪 20 年代之后，大班被分为若干代表不同活动的小班，有普通班和兴趣班之分。

第二次世界大战期间集体徒手操在各中小学和大学普遍流行，因为它不仅有实用价值，而且还可以培养学生对命令的迅速反应能力。课上教师通常会让学生带领全班操练，以培养学生领导和指挥的能力。不过总的来说，第二次世界大战期间中小学运动技巧的教学可能不如战前或战后那样好，一方面是因为安排徒手操和体格训练的时间多，而教授运动技巧的时间少；另一方面是因为原有的体育教师去参军了。

第二次世界大战以后，美国进入了黄金发展时期。经济高速发展，工业化程度大大提高，人们的物质生活极大丰富。高速发展的经济给美国人带来了物质方面的满足和享受。富足的生活方式使美国人从繁重的体力劳动中解放出来，但遗憾的是，以上改变并没有使美国人获得全面的发展，也不能使美国人避免高度发展的物质生活和生产方式给人类带来的“文明病”的困扰。食物中的热量过剩，肥胖症及心血管疾病严重威胁着人类的健康，特别是在 3～12 岁的儿童中也发现了冠心病的潜在诱因。儿童体质的下降使人们强烈地意识到增强体质的重要性。

1953 年，美国健康、体育与娱乐协会通过比较美国与欧洲儿童的体能，讨论了美国少年儿童体质每况愈下的原因，指出美国的儿童需要增加体育活动。1955 年，艾森豪威尔总统在华盛顿召集美国杰出的体育专家、学者开会，共同探讨青年的体质问题。随后，艾森豪威尔总统发布了命令：成立总统体质委员会。① 该委员会的成立对中小学体育的发展作出了巨大的贡献。据统计，1959—1960 年有 2000 多万学生通过了《学生体育及格测验标准》。仅 1963 年，在美国公立学校 4—12 年级的 2600 万学生中，有 2000 万的儿童参与了制定体质健康计划。

这一时期许多中小学把体育课分为体育基础课与运动教育两类。体育基础课一般有 3 种目标：①讨论身体活动的价值及其对健康和现代生活的贡献；②通过一系列的测验和测量，评定学

① 李静波. 美国总统体质委员会对美国学校体育的重要影响[J]. 中国体育科技，2000，36（11）：6-7.

生本身的现状和潜力；③设计最适合学生个人需要的体育计划。运动教育则包含各种不同的活动，并且要设法应用空间、时间等要素。运动有时需要器械，有时则是徒手。跑步、跳跃、悬垂等都是运动教育的好方式。让低年级小学生练习这些活动，是为了培养其将来提高竞技运动、舞蹈和游戏成绩所需要的基本技巧。运动教育最适合小学儿童。20 世纪 60 年代兴起的运动教育引起了人们对学前和小学体育课程的重视，使更多的儿童提高了对多种多样的体育课程内容的兴趣和积极性，使发育缓慢的儿童能保持竞赛所需要的条件，又不致失去参加身体活动的乐趣，从而使得体育课程更进步。

20 世纪 60 年代以来，随着社会的发展，中小学体育在学校教育中的地位越来越重要，功能越来越广泛，从而引起了人们观念的改变。以往所注重的“身体教育论”成了批判的对象，因为它强调体育只有一种形式和目的，就是发展身体，而不是通过这些身体活动达到其他目的。“活动教育论”越来越被社会所接受。这种观点认为，体育过程本身是一种活动过程，人们在这个活动中会发生各种变化。观念的改变使学者们更进一步从理论上探讨体育的教学实践。作为学校体育的中心环节，新的体育课程设置理论也随之出现。

20 世纪 60 年代后，美国在学校体育课程方面出现了一些新的理论，其中最引人注目的当属“目的过程框架”研究。这一框架实际上是一种概念化的框架，它是为体育课程决策而设计的。此研究始于 1966 年，完成于 1977 年，并在随后的几年里得到了不同程度的完善。“目的框架研究”的基本内容包括一组关键的概念群和运动过程分类系统这两个方面。这种理论是根据以下 7 点而设计的：①人是一种综合的存在体，处在不断的成长过程中，其行动都具有一定的目的性；②意义的开创和增强，是教育的根本问题；③体育教学的根本问题体现为：在与环境的相互作用中，人们探索着运动的意义；④教育在社会各个因素的相互作用中能促进个体的发展及环境的改善；⑤体育学习的实质内容是技能的形成过程；⑥现在的课程要适应未来的发展；⑦目标优先权、内容的选择及内容序列的决策，都是由当地的教育水平决定的。

“目的过程框架”理论已被大多数学者认可，并被逐步应用于整个体育教学实践。[①] 到 20 世纪 80 年代后，许多中小学体育课程的制定主要以“目的过程框架”为基础。

进入 20 世纪 80 年代以来，美国开展了一场持续不断的基础教育改革运动。1983 年 4 月，美国高质量教育委员会发表了题为《国家处在危机之中：教育改革势在必行》（*A Nation at Risk：The Imperative for Educational Reform*）的重要报告。该报告指出，美国青少年的基础教育出现了严重的问题，学生的文化知识不足，学习成绩下降，学校教育正处于危险境地。于是，美国以优秀教育为口号，拉开了长期教育改革的序幕。1995 年，国家体育和运动协会创立了国家体育标准，它作为一个概念和价值取向明确了体育教育的目的，并清楚地陈述了体育课的指导目标（NASPE，1995）。

第二节　美国学校体育的教育体制与指导方针

一、美国学校体育的教育体制

美国中小学的现行学制形成于 20 世纪初期，自 20 世纪 60 年代以来，虽无重大变革，却在不断完善和调整。中小学教育属

① 钟启泉. 国外课程改革透视[M]. 西安：陕西人民教育出版社，1993：25.

于义务教育，起始年龄为6岁，共12年，有六三三制、四四四制、五三四制、六六制、八四制等不同学制。六三三制是一种主要的中小学学制，小学为6年制，中学分初中、高中两段，各3年。六六制将中小学分为两大段，小学6年，中学为6年一贯制。四四四制是第二次世界大战之后出现的一种新学制，它将中小学的12年平均分为三段，即将传统的小学段的五、六年级和初中段的七、八年级合为一个阶段，作为传统小学与中学之间的“中间阶段”，并设立了专门的“中间学校”来承担相应的教育任务。这种学校被认为有利于解决儿童身心发展中遇到的问题而逐渐被人们所接受，自20世纪70年代以来，已在各州普遍设立。因此，四四四制目前也是美国中小学的一种主要学制。各州或各学区可自主选择不同的学制，由于都属于义务教育阶段，各种学制中不同层次的学校之间是相联和互通的。

美国是典型的学校教育分权制国家，管理学校的职责主要由地方教育行政部门承担。联邦主要通过立法机构、行政管理机构、特别委员会等确立某些有关中小学的政策法规或行动目标和框架，通过资助相关的教育改革与发展计划，为各州和地方的教育提供支持和帮助，对中小学的教育事务施加影响。例如，近年来联邦政府主要通过资助和推进全国性课程标准和测评标准的开发及推广，为中小学的课程改革与发展提供参照和帮助。但这些标准和相关的行动框架并不具有强制性，它们是否被采用，决定权在各州和地方。

与联邦相比，州的教育权限较大，除了由州议会制定有关本州重大教育问题的法律、法令外，凡设教育委员会的州，均由教育委员会负责制定州内比较具体的教育问题的决策。州对中小学的管理主要通过立法和政策手段，通过教育委员会和教育局确定本州的课程标准或课程框架，制定课程教学大纲或课程基准，规定教学要求与毕业标准、测评标准和程序等，为中小学课程的设置、实施、评价等管理事务提供依据，并通过预算、人员任免、咨询和指导等方式，实施对本州中小学的管理和调控。在对中小学的管理上，各州的情况有所不同，有些州可能较宽松，有些州则可能较细致而严格。

州以下的教育行政机构是学区。学区是美国地方教育行政管理的基本组织形式，是美国教育行政的基层部分。学区的管理架构主要由学区委员会和学区督学组成，学区委员会的职能和州教育委员会相似，管辖范围为当地中小学，委员会成员一般由社区选民选举产生。学区委员会聘任一名专业教育人士担任督学，负责处理本学区的教育行政事务。学区的管理职能主要表现为决定本学区的办学方针和政策，制定学区的教育目标和计划，审批学校的预算，确定入学条件、课程设置和考试程序，审批人员聘用和征收教育税费等。

美国地方学区在教育问题上享有很大的自主权。由于学区筹措教育经费的主要方法是征收当地居民的房地产税，所以选民有权直接过问和参与教育事务。学区有权对联邦和州一级的教育政策和教育要求提出异议，决定是否在本学区执行这些政策和落实这些要求，并且有权制定本学区的教育政策。可以说，对中小学课程事务实施直接管理的责权主要在学区。

学校是教育教学工作的基层单位。学校有董事会，成员为当地选民的代表，其职责是监督指导学校的各项工作，并就教育经费等重大问题作出决策。学校在课程管埋中的角色和作用，主要体现在参与学区课程委员会的工作及在本校课程设置、实施和评价等方面做出选择和自我监控。校长自然而然被视为主要的课程管理者，教师的教学计划需经校长批准，开设新课需校长同意。①

这种从历史上演进过来的与美国政治、经济制度和历史传统

① 曲宗湖，杨文轩. 域外学校体育传真[M]. 北京：人民体育出版社，1999: 216-217.

密不可分的学校体育管理体制，有利于各地、各校发挥积极性、创造性，有利于课程改革适应社会、学科和学生发展的变化。

二、美国学校体育的指导方针

美国学校体育主要以两个基本思想作为指导：一是通过开展基本运动技能活动促进学生终身体育运动的发展，并在此基础上进行有计划、有次序的体育教育；二是通过体育锻炼促进学生的身体健康，提高他们的精神、社会和情感能力，并为此进行体育活动课程设计。应该说，每一种计划都是为了鼓励学校在每一年级中进行体育教育和开展使学生终身受益的体育活动而精心设计的。很长一段时间以来，体育一直是美国 K-12 学校中的核心课程之一，体育已成为促进学生健康成长和发展必不可少的内容之一。

美国学校体育的指导方针是以国家体育和运动协会在 1992 年制定的“受过体育教育的人”（the Physical Educated Person）的定义为基础的。“受过体育教育的人”包含 5 方面的基本特征：①掌握表现不同身体活动所需的技能；②身体强健；③确实定期参加身体活动；④知道参加身体活动的作用和益处；⑤重视身体活动，知晓身体活动对健康生活方式的意义。

第三节　美国学校体育中的课堂体育教育

在 1993 年、1997 年、2001 年和 2006 年，国家体育和运动协会发起了“国家形态调查”（the Shape of the Nation Survey）来检查每个州在体育教育相关政策上的实施情况。2001 年和 2006 年的“国家形态调查”，还对每个州的体育教育实践进行了描述。在此之前的 1994 年和 2000 年，国家体育和运动协会还发起过

“学校健康政策和计划研究”（School Health Policies and Programs Study，SHPPS）。1994 年的“学校健康政策和计划研究”，在州和区的层面上调查了从幼儿园到 12 年级的体育教育和身体活动政策及在学校和课堂层面上初中和高中的相关实践活动。2000 年的“学校健康政策和计划研究”则包括小学在学校和课堂级别上的研究数据。2006 年的“学校健康政策和计划研究”则增加了在学校层面上的身体活动政策和体育课外实践及假期活动的调查研究，比如走路、骑车去参加学校活动及身体活动中的休息时间。本书试图根据李秉德先生的教学“七要素论”，以 2006 年的数据为依据，对当今美国学校体育的现状做一个较为详细的描述。[①]

一、学生

统计资料表明，1995—1996 学年，全美共有公立中小学 88223 所，入学学生人数共 4570.1 万名。其中，有 830 万名进入大型城市的学校，有 760 万名进入中型城市的学校，进入大型和中型城市市郊的学生分别有 1359 万名和 433 万名，进入城镇学校的学生有 601 万名，在乡村读书的学生有 581 万名。美国公立中小学校平均的规模（按学生人数计算）为 527 人。相比之下，城市学校的学生密度要高一些。到 1998 年秋季，全美中小学校的学生人数为 5270 万名，其中公立中小学承担了 89%的学生容量，可见美国公立中小学校的确承担了美国基础教育的主体部分。

美国是一个移民国家，国内人口的民族、种族构成十分复杂。2000 年，美国人口统计局公布的最新人口统计数字为：“19665 万白人；3347 万非洲裔美国人；205 万美国印第安人；1054 万

① 资料来源：https://onlinelibrary.wiley.com/doi/epdf/10.1111/j.1746-1561.2007.00229.x.

亚洲裔美国人；3244 万西班牙裔美国人。”

非洲裔美国人，他们的祖先居住在非洲。后作为奴隶被贩卖到美洲以后，他们被迫与自己的家庭和本族的文化传统分离，虽历经了被奴役和被歧视的苦难，但在这个过程中他们充满了反抗和奋斗。时至今日，非洲裔美国人的生活境况已经有所好转。但依然要面对不同程度的种族主义和种族歧视。

美国印第安人，我们从很多学者的调查研究中可以了解到，曾经数量巨大的印第安部落很多已经凋零了，甚至有的部落只剩下一个成员。现存于美国的印第安人中接近半数的人生活在专为他们设立的保留地上，即使生活在城市里，也多居住在城市中印第安人的保留地范围内。加利福尼亚、俄克拉荷马、亚利桑那、新墨西哥和华盛顿州是印第安人居住最集中的州。

亚洲裔美国人，是一个很复杂的群体，主要包括中国人、菲律宾人、日本人、韩国人、印度人、越南人和一些太平洋岛国的人。虽然来到美国的亚洲裔人多种多样，但是，几乎每一个亚洲裔人都固守着自己群体的历史和文化。

西班牙裔美国人主要指那些母语是西班牙语的美洲人，他们主要来自墨西哥、波多黎各、古巴等一些中南美洲国家。如果学者们的预计变成现实的话，在不久的将来，西班牙裔美国人的人数会超过美国国内任何一个少数族裔。目前，在一些大城市里，如纽约、洛杉矶、旧金山等地，西班牙裔美国人的人数已经超过了非洲裔美国人。这股持续增长的势头已经使美国社会的一些领域，如语言、就业、教育和艺术等发生了较大的变化。

美国社会多元化发展的趋向，反映在校园里就是学生构成的日益多元化。调查表明，在美国公立中小学中，少数族裔学生所占的比例一直在增加。其中增长最快的是西班牙裔，到 1998 年，西班牙裔已经占 15.1%，包括亚裔在内的其他少数族裔的比例也增长了许多。[①] 1976 年，美国公立学校约 78%的学生都是美国白人，22%为少数族裔，包括非洲裔、亚洲裔等。到了 2004 年，白人学生和少数族裔学生的比例几乎持平。教育部门估计，按照这个势头，再过 10 年，少数族裔学生的数量将大大超过白人学生。事实上，在加利福尼亚、夏威夷、路易斯安那、密西西比、新墨西哥和得克萨斯这几个州的学校里，少数族裔学生的数量已经超过了白人学生。

学生族裔构成的多元化在体育教育内容上也表现出了显著的多元化特征。美国中学体育教学计划内容（见表 3-2）中除了起源于西方并在美国非常流行的各项运动外，还有传统的东方武术，如合气道、太极拳等；在校内活动和运动俱乐部中，有武术、瑜伽和柔术（见表 3-4）等。这都说明学生种族的多元化对体育教育内容的选择有一定的影响作用。

二、教学目的

美国学校体育教育总体的目的是发展儿童青少年基本的运动技能，促进终身运动，从而促进儿童青少年在体质、精神、社会和情感方面的全面健康发展。它是一个整体性的概念。学校体育教育对促进美国青少年儿童的健康成长起着重要作用。

美国全国没有统一、具体的教育目标，体育的情况也是一样，各州制定的学校体育目标不尽相同。例如，纽约州中小学体育的总目标是“培养个人的生活技能”；具体目标是：①增强体质；②培养社交能力；③培养合作精神；④培养开拓精神；⑤安全教育；⑥激发积极性和主动性；⑦妥善处理领导与被领导的关系；⑧培养相互尊重的良好道德。

加利福尼亚州的学校体育的目标是：①增强身体各器官的机

① 史静寰. 当代美国教育[M]. 北京：社会科学文献出版社，2001：169.

能；②提供训练神经肌肉发达的机会；③矫正身体缺陷及姿势；④确保肌力、耐久力和协调能力的发展；⑤促进身体与心理平衡发展；⑥正确认识合作、自律、服从权威、理想高尚与果断勇敢等价值；⑦养成健康的学校与家庭生活习惯；⑧确保学校与运动场设备的安全与科学管理。

尽管各州在表述上有所不同，但实质上均是通过体育促进学生在身体、认知、社会及情感四个方面的发展。概括地讲，美国中小学体育的教学目的为：发展身体，包括发展技术和发展体能；终身参加体育活动，养成良好的体育习惯，成年后仍能坚持参加体育活动；培养学生对体育的良好态度。

从执行方面看，在全国范围内，提供小学指导的76.5%的州和81.9%的地区对小学体育教育制定了目标。超过三分之二的州和四分之三的地区根据国家体育标准对学生制定了体育目标。全国范围内，有初中指导书的78.4%的州和78.6%的地区对初中体育教育制定了目标。超过三分之二的州和地区根据国家体育标准对学生制定了目标。在全国范围内，有80.4%的州和79.7%的地区对高中体育教育制定了目标。超过三分之二的州和地区根据国家体育标准对学生制定了体育目标。具体情况如表3-1所示。

表3–1　具体教学目标情况一览表（SHPPS 2006）[①]

教学目标	州的百分比（%）			地区的百分比（%）			学校的百分比（%）		
	小学	初中	高中	小学	初中	高中	小学	初中	高中
运动技巧和运动模式的能力	76.5	78.4	80.4	79.0	74.8	72.9	85.2	75.2	75.1

① Lee S M，Burgeson C R，Fulton J E，et al. Physical Education and Physical Activity: Results From the School Health Policies and Programs Study 2006[J]. Journal of School Health，2007，77（8）：435-463.

续表

教学目标	州的百分比（%）			地区的百分比（%）			学校的百分比（%）		
	小学	初中	高中	小学	初中	高中	小学	初中	高中
理解运动概念、原则、战术和策略	74.5	78.4	80.4	79.2	73.3	70.9	83.7	78.5	78.0
定期参加体育活动	74.5	78.4	78.4	81.0	76.4	77.3	86.9	78.3	83.1
维持和提升健康水平	74.5	78.4	80.4	77.6	72.7	76.3	84.0	77.6	80.9
负责的个人社交行为	74.5	76.5	78.4	80.6	77.1	78.4	87.1	78.9	83.4
健康、乐趣、挑战、自我表达及社会影响价值	70.6	72.5	74.5	78.6	77.3	78.2	86.5	79.3	83.3

国家体育标准的实施并非强制性的，因此，各州可根据美国《国家体育标准》制定符合本州实际的标准，机动灵活地执行和完成国家标准规定的目标。由于各州对标准的理解不一致，而标准又为各州预留了创造和设计自己课程的广阔空间，所以，美国中小学对体育标准的实施程度各不相同，方法各异。从表 3-1 可以看出，美国《国家体育标准》已经基本为美国大部分州和地区所接受，并且各州和地区分别根据国家体育标准制定了各自的体育目标。

三、教学内容

体育教育基于学生的年龄和年级水平分为三类：小学阶段的体育教育主要强调基本技能的学习，如移动、投掷、接、踢。初中阶段则主要是对技能的熟练化、规则的掌握和策略的运用。高中阶段则侧重于个别活动，比如举重训练、舞蹈或团队竞技活动。

不同的学校对体育教学有不同的要求，在同一学校里不同年级体育教学的内容和要求也不一样。特别是小学和中学，它们在体育教学内容和要求方面的区别是比较明显的。

小学体育课程的主要内容包括以下四个方面。

第一，培养儿童的基本活动能力。让学生了解身体在空中的位置，这是小学2年级以前最主要的体育教学目标。

第二，传授基本的运动知识。这些知识主要包括关于怎样运动、身体运动方面的能力及健身、健康方面的知识等。

第三，教授竞技体育的技术、技能。竞技体育知识的学习主要从6、7年级开始。

第四，参与健身性的体育活动。学习内容主要包括：3年级以下是韵律舞蹈、游戏、体操。4—6年级在学习低年级内容的同时，增加一些结构性强的游戏活动，并开始运动项目的学习，另外，还要学习一些简单的生理知识，增强学生的户外活动能力。

具体来说，在69.3%有体育课的小学中，94.8%的小学在体育课上教授运动概念和技能。一半以上有体育课的小学教授游戏“山丘之王”“偷旗子”“消除标记”和“抓鬼游戏”。超过四分之三的小学教师被要求至少在一堂体育课上教授以下内容：中等和激烈身体活动的差别，身体活动、锻炼和健康的区别，与健康相关的活动，锻炼的阶段，身体活动在生理、心理及社交上的帮助，身体活动中的伤害预防，身体活动在降低慢性病发病概率上的作用，与技能相关的活动。

中学体育课程的主要内容包括：①终身体育教育，主要是培养学生终身参与体育活动的能力；②竞技体育教育，主要是学习竞技运动项目；③健身和身体活动的教育，具体教学内容主要是进一步学习韵律体操，学习个人和集体运动项目。

布彻（Butcher）在他的《中学体育》一书中，列出了几大类教学内容：①个人和双人项目：乒乓球、羽毛球、网球、高尔夫球、田径、马术、射箭等；②舞蹈和节奏运动：交际、民间、韵律、现代舞蹈等；③水上运动：游泳、跳水、救生、水中比赛等；④冰雪运动：滑雪、滑冰；⑤体操：技巧、器械体操；⑥其他：自我测验、野营、室外教育等。

纽约州的中学体育教学内容分为七大类：韵律舞蹈、个人运动、集体运动、体操、游泳、终身运动、户外运动。

加利福尼亚州的体育教学内容共有九类：韵律舞蹈、运动技术、体质、游戏、竞技比赛、体操、器械体操、水上运动、竞技。

2000 年，美国学者麦克·梅茨勒（Michael Metzler）在《体育教学模式》一书中对美国中小学的体育课程内容做了总结。其中，中学（包括初、高中）的体育课程内容分为 10 大类，近 60 项（表 3-2）。

表 3–2 美国中学体育教学计划内容（初中和高中）一览表

类别	具体运动
冒险运动	背包运动、远足、绳索下降、攀岩、跳绳
水上运动	独木舟、潜水、游泳、呼吸管游泳
体能运动	有氧运动（舞蹈、踏板和水上运动）、体能概念、骑自行车、慢跑、举重训练、个人体能计划设计
团队运动	棒球、篮球、旗式橄榄球、福力克球、地板曲棍球、长曲棍球、足球、垒球、速球、手球、飞盘、排球
个人/双人运动	射箭、击剑、羽毛球、保龄球、高尔夫球、匹克球、板球、网球、田径、摔跤
合作性/自主性项目	群体自主运动、新兴运动、信任运动
娱乐活动	飞镖、飞盘高尔夫、马靴、队形溜冰、乒乓球
舞蹈和韵律活动	舞厅舞、工间舞蹈、时尚舞蹈、国际/民间舞蹈、队形舞蹈、现代舞蹈、方块舞蹈
体操	地板运动、器械运动、跟头运动
武术和东方武术	合气道、自卫、太极拳

具体来说，78.3%有体育课的学校中，98.5%的学校会教授团体运动，95.1%的学校会教授个人或双人运动，63.2%的学校会教授舞蹈，8.5%的学校会教授水上运动。最常见的团体运动是棒球、垒球、儿童当作棒球玩的一种塑料空心球、篮球、橄榄球、足球和排球。而且，68.1%有体育课的学校会教授躲避球。最常见的单人或双人运动有飞盘或飞盘高尔夫、跳绳、赛跑或慢跑、田径赛或步行。最常见的舞蹈运动是排舞、韵律舞、民间舞。

超过四分之三的初中和高中教师被要求至少在一堂体育课上教授以下内容：中等和激烈身体活动的差别，身体活动、锻炼和健康的区别，与健康相关的活动，锻炼的阶段，身体活动在生理、心理及社交上的帮助，身体活动中的伤害预防，身体活动在降低慢性病发病概率上的作用，与技能相关的活动。

美国教育心理学家和课程研究者都认为教学内容对学生的动机有着强大的影响力。纽曼、马克斯和加莫伦（Newmann，Marks & Gamoran，1996）认为，可以将教学内容看作是激发学生内在活力的设置。伯克（Burke，1995）认为课程内容能刺激学生的兴趣、好奇心和自我实现，是一个非常好的动机因素。丰富多样的教学内容给了学生极大的选择空间，对激发学生的体育兴趣、培养学生的个性、发展终身体育起到了巨大的推动作用。从以上美国学校体育的教学内容可以看出，美国的学校体育尊重学生发展阶段的特点，每个阶段的关键要素均通过身体能力和成熟度的提高来发展学生的身体技能；随着新兴运动（New Games）的不断涌现，美国学校体育的课程内容更加具有多样化的特点；美国学校体育的内容不仅重视“健体”，而且重视“健心”，为儿童心理及社交上的发展提供了良好的环境和机会；美国的学校体育和现实生活紧密相连，会充分结合当地气候、地理等天然条件，开创出更多注重娱乐性和健康性的体育教育内容。

（一）教学计划

美国学校体育的教学计划表现出了明显的“开放性”特征。教学计划并不是局限于某些具体条目一成不变的，而是随着学校体育具体情况的改变而改变。一般说来，在美国的学校体育中，每次活动的授课包括技能导言、对活动中技能的详细解释及活动的内容。在小学体育课上要教授运动概念和技能，学生平均要花7个学时在操控性技能上（如投、接、踢、打），花4.6个学时在位移性技能上（如走、跳、蹦），花4.6个学时在复合性运动技能上（如复杂移动、平衡保持、重心转移），花3.6个学时在空间认知上（如空间、方向或平面），花2.7个学时在非位移性技能上（如弯曲、扭曲、摇摆）。

在初中和高中，27.0%有体育课的学校会教授健康和体育教育相结合的课程。在一堂体育课里，体育教师让学生平均花17.7分钟在游戏、竞技运动或舞蹈上，花9分钟做技能训练，花6.3分钟做热身运动，花4.6分钟接受讲授和示范的指导，花2.6分钟做拉伸运动。而且，初中教师会在课前给学生3.8分钟（平均）去换衣服，高中教师会在课前给学生5.6分钟（平均）去换衣服，初中和高中教师在课后会分别给学生3.3分钟和6.3分钟（平均）去洗澡或换衣服。此外，所有的教师在学生身体活动不积极时，平均会花费1.9分钟做管理工作。这项工作包括点名、讲通知以及当学生不积极时教师所做的其他管理工作。一般情况下，一堂体育课上的活动时间总数是35.6分钟，小学体育课上的活动时间是34.9分钟，初中体育课上的活动时间是39.7分钟，高中体育课上的活动时间是44.6分钟。

在体育课上所有被教授的团体项目中，学生在篮球上花费的时间最多（平均3个学时）。在单人或双人项目中，学生在赛跑和慢跑上花费的时间最多（平均 5.7 个学时）；在舞蹈课上，学生在排舞（广场舞）上花费的时间最多（平均 7 个学时）；在水上项目课上，学生在划水指导或游泳技能上花费的时间最多（平均 3.8 个学时）。

从以上数据可以看出，美国学校体育课的结构基本有规律可循，虽然体育教学计划呈现“开放性”的特征，但体育课的结构并不是随心所欲的。教师教授运动概念和技能有着合理的时间分配，在项目教学上也并非一概而论，而是有时间偏重的。在具体教学过程中，教师能科学有序地对课堂教学过程进行计划，能充分考虑课堂上所有可能发生的状况，并将其计算进自己的教学计划中。

（二）教学大纲

20 世纪 70 年代兴起的美国中小学体育课程设置理论——“目的过程框架”经过多年的发展已经变得更为完善。同时受 20 世纪 80 年代末最佳体适能教育计划的影响，90 年代初，许多学者纷纷对中小学体育教学大纲进行了理论上的修订。这样就形成了 20 世纪 90 年代新的中小学体育教学大纲。体育教学大纲是体育课程实施的具体要求。

1. 小学体育教学大纲

专家们认为：小学生每天都应有活动的机会，每天的活动时间不少于 30 分钟。对小学生来说，应以班级形式进行某些体育内容的学习，同时也应该鼓励学生去参加各种活动中心的活动。小学体育具有很高程度的个性化，虽然他们通常是参加集体活动，但指导时要使他们能在活动中认识自我、明确空间位置及在运动环境中辨别运动的自我。教师应向学生们提供适应这个年龄阶段的各种活动内容，使儿童形成自己的活动方式，并能创造各种游戏。

（1）小学低年级的课程。小学低年级课程内容的设计要能完成身体知觉、运动、实物操作和动作表达等目的。对动作的分析可使学生形成一般的身体知觉、机体各部分运动能力、机体各部分的相互关系、个体在外界环境中的地位及对自身形态知觉等概念。

基本的运动模式如走、跑、滑行、跳跃是在教学中要介绍的内容。学生在自我测验、追逐及节律性游戏中操作这些技术，并通过模仿、实际运用、适应或改进这些技术，最终形成基本的动作模式，当这些动作被完全掌握以后，再去学习较为复杂的动作。要重视控制实物的活动，如投掷、踢球和击球等。通过投掷实物，接住从高处落下的实物或用手、脚、膝部控制滚动等，儿童控制实物的能力可以得到发展。小学要安排具有交流作用的课程内容。近年来，教育学者们认识到了身体运动在自我表达、感情交流方面起着重要的作用。小学阶段，学生可以通过韵律操、民间舞蹈和游戏等运动形式同其他人建立联系。另外，每个儿童都应该有通过自我指导的体育活动表达个人想法及感情的机会。

（2）小学高年级的课程。对这个阶段的儿童应着重发展其生理机能、空间定向、实物操作及在集体中与人相互联系的概念。在提高学生动作技能的同时，要设计一些逐步提高儿童力量、平衡、灵敏、柔韧、心血管系统工作耐力的学习内容。要使学生掌握有效运动的概念，对男女生要有同样的要求。

这个阶段强调技能的综合，教师在安排活动时要帮助学生综合利用多种技能，发展学生的空间概念。学习的内容应包括体操、溜冰和游泳的基本动作。要使孩子们掌握通过周期性的运动控制体重及外部形态，并进一步学习实物控制的活动。

同时，还要强调学生在集体中的相互作用，在集体比赛、民间舞蹈等活动中要强调集体的相互作用等概念；要使学生在集体性项目中明确集体、队长、教练、观众的作用；要使儿童明确只有通过集体中的协调作用才能实现个人或集体的运动目标。

在课程中要安排一些传统的运动项目，让学生对这些项目有基本的概念，并从中学习一些运动技术。小学阶段安排的传统项目有跳绳、链球、单脚跳踢石子、打弹子、溜冰、游泳、橄榄球、垒球等，男女生大都参加这些常见的游戏。

最后，教学应让儿童从运动中得到乐趣，这是使儿童对运动感兴趣的内部动力。教师在安排活动内容时要遵循快乐性原则，另外，要使儿童在运动中了解自己，形成对自我的认识。

2. 初中体育教学大纲

（1）提高自我控制能力和运动水平。学过的活动技能的提高及其与新的运动技能联系，加强初中生自我控制的概念。这个阶段除了安排中长跑、跳跃、投掷等运动项目外，还应让学生从事需要勇气才能完成的、带有冒险性的运动。大多数活动要在室外进行，使学生在运动环境中更进一步地理解运动的基本原理。

游泳课应占大纲内容的20%～30%。要使学生掌握游泳的基本原理，如浮力、平衡、水中的正确呼吸、划水前进等。另外，还要给学生介绍一般的救生技术。

初中的体育教学内容要安排一定量的徒手操和器械操，这些活动可以发展个体的空间概念和平衡、定位等能力，要使学生掌握体操的基本动作。

（2）新的比赛运动。20世纪90年代以来，新的比赛运动项目越来越受到学生的喜爱。因此，初中课程中应介绍有关内容，这些内容包括草裙舞、冲浪、跳伞、帆板等。这些活动可以培养学生的运动情感和勇敢精神。

（3）加强社会性的培养和传统性项目的学习。篮球、足球、排球、垒球、冰球等集体性运动项目是初中生必须学习的内容，这些项目要求人与人之间相互配合、协调，是社会上所流行的运动。要使初中生通过参加这些活动，提高与其他人交往的能力。除此之外，还要介绍一些像民间舞蹈、现代舞、圆圈舞等运动项目，培养学生学习传统性运动项目的能力。

3. 高中体育教学大纲

（1）掌握运动的生物力学原理，并将其作为交流手段。对人类运动的理解和认识，应该包括掌握运动的基本原理及将这些原理运用于日常的娱乐性活动的能力，还包括在运动中同别人交往的能力。高中生可以通过舞蹈、水上芭蕾及独创的运动形式来提高这些能力。

（2）发现运动的意义。理解和认识运动还包括学习体育在人类社会活动中的作用，要使学生理解运动对社会发展的贡献、运动对个体生长发育的作用，发现和了解与运动有关的社会问题。培养高中学生指导儿童运动和带领家庭成员或其他人参加运动的能力。

（3）身体素质。高中的体育教学大纲应包含提高学生身体素质的运动内容，并应有适应学生特殊需要，如肥胖、健美等的内容。

（4）终身运动的能力。越来越多的学校把培养学生终身运动的能力作为教学大纲的一项重要内容。实现这个目的，就要求教学大纲安排可供不同兴趣的学生选择的不同活动内容。学生只有在运动中体验到乐趣，才会对所学的内容求精，离开学校后才乐意并能够继续从事体育运动。

（5）明确活动内容。跑、水上运动、舞蹈、对抗性运动及冒险性运动是高中体育教学大纲中相当重要的内容。跑是大多数运动的基础，要使学生掌握各种跑的技术。要使学生掌握在游泳池中潜水、蹼泳等水上运动技巧。舞蹈技巧在高中阶段是必须掌握的，这些内容将来会在生活中用到。对抗性运动可以培养一个人的防卫能力。

冒险性运动，如攀岩、跳伞、冲浪等是正在兴起的运动形式，这些运动可使一个人更有创造力，工作效率更高，完成这些项目需要多种综合运动技能。在高中阶段，应向学生介绍有关运动的知识。

需要指出的是，大纲中的内容是为教师安排活动内容提供一个选择范围，而在实际的体育教学过程中，教师要根据学校的教育目的、体育设施、学生的需要等选择相应的内容。

从以上内容可以看出，美国学校体育内容的设计是循序渐进的，教学大纲也是根据学生的发展阶段从基本的动作技术到更加复杂和有难度的运动项目逐步设计的。美国学校体育各个阶段的教学内容考虑的因素包括学生的注意力、成长特征及他们的社会行为水平和责任感。也就是说，学校体育不仅要改进个人的运动技能，使之进一步加深对运动的理解，而且要使学生通过参加各种活动进一步发展其社会性品质。美国学校体育教学大纲的主要目的是使学生理解和认识人类的运动项目，提高学生的身体素质，提升学生的社会行为水平，培养学生终身参加运动的意义。

（三）教材

美国的学校体育教学中并没有指定的教材，所以体育教师要综合多种材料来备课和教课。在 90.7%的学校中，教师被要求至少在一节体育课上使用州、地方或学校制定的课程、标准或大纲；59.4%的学校使用保健组织的材料，58.1%的学校使用国家体育标准，34.0%的学校使用通用的教师指南，27.5%的学校使用当下流行的课程，12.0%的学校使用学生教科书。

在以往的研究中，州和地区为小学体育教育提供了多种信息和资料。比如，33.3%的州和48.0%的地区会给学校提供描述指导范围和顺序的图表，21.6%的州和55.4%的地区会给学校提供体育教育课程，29.4%的州和46.4%的地区会给学校提供一份被推荐的体育教育课程列表，39.2%的州和50.0%的地区会给学校提供体育教育的课程计划或学习活动，51.0%的州和46.4%的地区会给学校提供评价学生体育表现的计划。

在以往的研究中，州和地区也为初中体育教育提供了多种信息和资料。比如，31.4%的州和43.6%的地区会给学校提供对指导范围和顺序详细描述的图表，21.6%的州和57.8%的地区会给学校提供体育教育课程，25.5%的州和45.0%的地区提供了被推荐的体育教育课程列表，37.3%的州和43.3%的地区会给学校的体育教育提供课程计划或学习活动，49.0%的州和45.8%的地区会给学校提供评价学生体育表现的计划。

在过去的研究中，州和地区同样为高中体育教育提供了多种信息和资料。比如，31.4% 的州和43.5%的地区会给学校提供一份描述指导范围和顺序的图表，19.6%的州和55.8%的地区会给学校提供体育教育课程，21.6%的州和47.2%的地区会给学校提供被推荐的体育教育课程清单，41.2%的州和43.9%的地区会给学校提供体育教育的课程计划或学习活动，49.0%的州和43.5%的地区会给学校提供评价学生体育表现的计划。

学校给体育教师提供各种不同的资料。在国家范围内，75.5%的学校提供体育课程，55.4%的学校提供体育教育指导范围和顺序的表格，52.8%的学校提供体育教育中评价学生的计划，42.2%的学校提供体育课的教学计划。此外，84.2%的学校会对体育教师提出目标和期望的成果。

从以上内容可以看出，美国的教师在教材选用上具有极大的自由，这符合美国人追求“自由、自治”的文化精神。虽然美国的学校体育教学中没有指定的教材，但并不代表教师对教材的选用是随意和盲目的，州、地区和学校对各阶段的体育教育均提供了可供参考的资料，美国的学校教育在“开放性”的原则下仍然具有一定的“指向性”。

四、教学方法

体育教师会使用多种教学方法，在超过三分之二的学校中，教师至少在一堂体育课上有时、几乎总是或总是采用合作式的团体活动（97.7%）、技能训练（87.3%）、竞争式的团体活动（86.9%）和身体活动站（Physical Activity Stations）（70.8%）。较少的体育教师有时、几乎总是或总是使用同学互教活动（40.8%）、行为变化保证（Pledges or Contracts for Behavior Change）（23.0%）、学生身体活动日志（21.8%）、心率或身体活动监控器（20.2%）、互联网（15.0%）、客座教师（10.3%）和电脑辅助指导（7.0%）。

一半以上的体育教师要求在体育课上总是或几乎总是使用以下实践方法：积极管理（94.6%），使用安全并符合学生年龄的器材（90.2%），鼓励符合社会道德的行为（如合作、冲突解决、帮助别人）（90.4%），尽量少暴露在太阳、烟雾和极端的温度下（57.3%），为学生提供各种技能水平身体活动的选择权（58.1%）。大概四分之一（25.7%）的教师总是或几乎总是将学生兴趣里的性别和文化差异因素考虑进教学活动中。学生上体育课参加活动时要穿保护性的服装或带有保护性的装备，46.1%的教师总是或几乎总是使用符合学生尺码的保护性服装或安全装备。在教师不得不面对处理学生的血液和体液的课堂上，86.5%的教师总是或几乎总是使用控制感染的办法来处理血液和体液。一半以上的体育教师上体育课时很少或从不被要求使用以下方法：教师在少于一半的学生中组织活动并能使学生非常积极地进行身体活动（83.1%），教师允许高水平学生主导活动或比赛（86.3%），教师组织排除学生的比赛（74.7%），教师允许由队长选出队员（78.7%），教师选出队长（67.0%），教师安排许多学生观看他人运动并等待自己上场（66.4%）。

另外，63.9%提供校际运动的初、高中不允许使用身体活动来惩罚那些在校际运动中表现不好的学生，9.1%的学校强烈反对这种行为。16%的州禁止学校用身体活动来惩罚在体育课上有不好行为的学生，56.0%的州强烈反对这种行为。另外，只有6.0%的州禁止、54.0%的州反对学校以将学生排斥在体育课外的方式惩罚其在别的课上的不良表现。在全国范围内，20.5%的地区禁止学校用身体活动来惩罚那些在体育课上有不良行为的学生，45.1%的地区强烈反对这种行为。另外，36.5%的地区禁止、33.9%的地区反对学校以将学生排斥在体育课外的方式惩罚其在别的课上的不良表现。

从以上内容可以看出，美国的学校体育将计算机等科技产物引入教学中，这具有强烈的“时代性”色彩。在教学过程中，教师会充分考虑学生的年龄、兴趣等特征，显示了“以学生为中心”的教学理念。教学实践注重安全性的保障，具有很强的科学性。在实施教学的过程中，教师非常注重保护学生的运动情感，致力于为学生的终身体育打下良好的基础。

五、教学环境

美国中小学体育运动项目所需要的体育设施主要分为室内设施和室外设施。室内设施主要是小型综合运动馆，适用于篮球、排球、乒乓球、羽毛球、舞蹈和节奏项目、体操、水上运动、滑冰等；室外设施主要有田径场地、棒/垒球场地、高尔夫球场地，以及良好的、适于开展野外项目的环境等，主要用于田径项目、足球、橄榄球、棒球、垒球、高尔夫球、雪上项目和越野跑等。

美国中小学校的体育设施非常齐全，大多数学校都具有综合体育馆、室外田径场地等设施。在美国，学校的环境优美，占地面积大，许多学校甚至没有围墙，因此，美国学校的体育设施占地面积大，高度较低，可以给人很强的亲切感。美国的体育设施一般是轻型钢屋架形式；篮板会被直接安装在四周的墙上，不占用室内空间；有多个篮球场地的室内运动大厅，常采用将篮板安装在屋顶的方式，使用时翻下，用悬挂式的软网分割场地；在体育馆内部的一定高度上加装慢跑跑道，充分利用馆内的高度空间；室内尽量采用活动座椅，尽量争取较大的使用空间；更衣、盥洗室的面积大，功能完善；提供舒适的运动环境，有供暖、制冷设备。

美国许多学校都建有田径场或棒、垒球场等室外体育设施，这些场地可以满足学校体育中的田径、足球、橄榄球、棒球及垒球项目。田径场地设施一般为半圆式跑道，半径小，直道和弯道各占 200 米，这类场地也可以布置为橄榄球场地，直道基本在主要视线范围内，非常符合美国体育中崇尚竞争、对抗和激烈项目的原则；场地中央足球和橄榄球场地共用；多数设施的看台座位很少，主要满足观众观看业余比赛，而不是集会；看台构造简单，大多采用钢管架和木板式座椅，看台直接落地，没有主席台和挑篷；更衣、盥洗设施齐备，面积大。

美国开展高尔夫教学的中小学校主要使用学校外的高尔夫球场。美国是高尔夫球场最多的国家，据统计，截至 1997 年，美国拥有高尔夫球场 15700 个，其中多数为 9 洞球场，约合 12000 个标准 18 洞球场，比第二位的日本多约 8 倍，这大概也是美国可以在中小学中开展高尔夫球项目的原因①。

具体来说，在室内及室外体育设备方面，在美国范围内，超过四分之三的小学在体育课上使用体育馆、普通运动场、操场设备及室外篮球场（表3-3）。超过四分之三的初中在体育课上使用体育馆、棒球或垒球场、普通运动场、足球或橄榄球场。超过四分之三的高中在体育课上使用体育馆、健身房、棒球或垒球场、普通运动场，以及足球或橄榄球场。此外，38.9%的小学、25.9%的初中及26.2%的高中在室内体育课上会使用普通教室。54.9%的小学、37.8%的初中、25.3%的高中在室内体育课上会使用自助餐厅、礼堂或其他多功能厅。4.7%的小学、3.2%的初中、5.0%的高中在室内体育课上会使用追踪车或移动建筑。还有60.9%的小学、49.8%的初中、21.0%的高中在室外体育课上会将停车场或沥青地面作为活动场地。在全国范围内，10.6%的小学、62.5%的初中、87.1%的高中都有淋浴和更衣室。

表 3-3 美国学校体育教学环境一览表（SHPPS 2006）

场馆类别	小学百分比（%）	初中百分比（%）	高中百分比（%）
室内设施			
心血管健康中心	7.1	18.1	32.7
舞蹈教室	5.7	6.5	20.8
体育馆	77.4	90.8	97.0
室内游泳池	6.7	6.9	18.5
室内跑道	2.5	1.5	9.4
短网拍墙球或壁球室	3.0	1.9	5.9
健身房	10.5	46.1	87.6
摔跤室	4.9	15.1	39.9

① 李志实，梁林. 学校体育设施[M]. 北京：北京体育大学出版社，2004：89.

续表

场馆类别	小学百分比（%）	初中百分比（%）	高中百分比（%）
室外设施			
棒球或垒球场	74.2	79.6	88.4
普通运动场	93.2	89.6	90.0
操场设备	93.9	–	–
室外篮球场	80.7	73.6	51.8
室外游泳池	5.5	9.3	12.7
室外网球场	24.3	34.2	60.2
室外排球场	34.1	33.5	29.3
足球或橄榄球场	68.5	78.8	87.8
室外跑道	45.6	59.2	71.5

从以上对美国学校体育教学环境的描述可以看出，由于高度发达的经济水平，美国的体育设施条件优越；美国学校体育的设施在投资理念上注重投资效果，结构形式简单，使用功能强；美国学校体育的建筑体现了现代体育建筑关注环境、以人为本的设计理念；美国学校体育的设施具有用地面积大、设施种类多的特点。

六、教学评价

建立在标准基础上的教学改革，是在国际竞争的层次上，寻求为所有的美国学生建立清晰的、可以达到的目标，这些标准是关于学生应该“知道并能够做什么”的统一要求，所以它们为评价学生建立了基础，也为在全国、州、地方层次上的评价建立了基础。评价是对于某一特定领域学生所取得成就的水平收集实证，并在此基础上，为不同的目的进行推论的过程。教育者必须能够评价每个学生的成就，否则，就不可能知道是否达到了标准。有很多评价技术能够很好地用于决定学生是否达到了某一标准，这样的评价应该：①能够反映学生所学的最重要的课程内容；②通过教师的教来强化学生的学；③提供关于学生能力表现的一致的（可靠的）实证；④产生有关学生学习的有效推论。事实上，评价是使标准运动得以进行的保证。

这是一个与美国教育史上任何时期相比，人们对评价有着更大需求的时代，同时，他们对于传统的评价方式的不满也在不断地增长。过去虽然有许多体育教师使用不同的测验来测量学生的体能或运动技能，但他们却对这些测验到底能反映什么感到不满。他们知道学生在学习，但是那些测验既不能帮助学习，也不能表明他们到底学到了什么，甚至，很多测量技术和测验在体育课中并不实用，而且也不能增强教学。教师和学校的官员过去常常把评价用于很多不相关的任务上，并且评价被过分地用于且仅仅用于决定学生的成绩。把评价狭隘地规定为唯一的目的是确定成绩，是明显导致不正当评价和劣质教学的一个原因。评价的本质目标应该是增强学生的学习，而不是简单地记录学习。由于对评价过程的不满和争议，评价计划，特别是每日教师所做的评价，近年来发生了巨大的变化，正在向有着更高目标、出色的学生成绩和以行为表现为基础的评价转变。

具体来说，为了评价学生在体育课上的表现，美国95.8%的学校教师至少在一堂体育课上将学生的参与度作为一个评价标准，89.3%的学校将学生的态度作为一个评价标准，69.4%的学校将学生在身体活动中合适的着装作为一个评价标准，56.9%的学校将学生的出勤作为一个评价标准，53.7%的学校将学生的在运动技能测试分数上的提高作为一个评价标准，49.3%的学校将学生运动技能测试的最后分数作为一个评价标准，45.9%的学校将体适能测试的分数作为一个评价标准，45.7%的学校将学生在知识测试上的表现作为一个评价标准，39.7%的学校将学生自我管理技能的表现作为一个评价标准，11.8%的学校将学生课外身体活动的参与度作为一个评价标准。

教师们还将考试作为一种对学生评价的手段。在42.2%的学校里，教师要至少在一堂体育课上对学生在和体育相关的知识上进行笔试。在69.7%的学校里，教师要至少在一堂体育课上对学生进行技能表现测试。在73.8%的学校里，教师要至少在一堂体育课上对学生进行健康测试。在48.6%的学校里，教师要至少在一堂体育课上对学生进行“总统挑战”（President's Challenge）计划中的体适能测试（Physical Fitness Test）。在13.3%的学校里，教师会采用“健康项目”（Fitnessgram）进行测试。在3.5%的学校里，教师会使用“总统挑战”计划中的“健康适能测试”（Health Fitness Test）。在0.6%的学校里，教师会使用基督教青年会里的“青年健康测试”（Youth Fitness Test）。

在一半以上的要求至少在一堂体育课上进行健康测试的73.8%的学校里，教师会将学生的健康测试分数和国家、州、当地的参考标准进行对比（71.9%），和国家、州、当地的标准化水平进行对比（61.6%），和学生之前的健康测试分数进行对比（70.9%），和学生的目标进行对比（52.9%）。而且，在进行健康测试的88.2%的学校中，教师要至少在一堂体育课上对学生解释健康测试分数的意义。在进行健康测试的90.8%的学校中，教师要将学生的健康测试分数告知家长或监护人。最后，在要求至少一节体育课上进行健康测试的88.2%的学校中，教师要在课间为学生安排时间来进行健康测试。

在25.6%的初中和高中里，教师会至少在一节体育课上要求学生制订个人的身体活动计划。在这些学校里，80.1%的教师会至少在一堂体育课上让学生通过他们的健康测试分数来制订个人的身体活动计划，91.8%的教师为学生的个人计划提出自己的意见，90.8%的教师会为学生在如何坚持计划上进行指导。而且，89.2%的教师要求学生的个人计划包含健康目标，86.4%的教师要求学生的个人计划包含身体活动目标，84.7%的教师要求学生针对目标制订一个评价进步的计划（如自我监控、自我管理），81.6%的教师要求学生对身体活动制订时间表，59.4%的教师要求学生识别身体活动中的障碍，49.8%的教师要求学生的个人计划包括对达到目标后的特定奖励。在25.6%的教师至少在一堂体育课上要求学生制订个人身体活动计划的学校中，16.4%的教师会基于学生的计划质量来评价学生。16.6%的学校里的体育教师会要求学生将他们至少在一节体育课上进行的身体活动进行记录。

为了使所有学生都受到良好的体育教育，评价必须支持体育教育的教及每一个学生的学，如果能够合理地进行，对学生成绩的评价将会促进学生的学。从以上数据可以看出，在评价内容上，美国的学校体育强调主观评价和客观评价有机结合，即评价的内容除了学生的身体素质和运动技能外，还包括对学生体育态度、合作精神等方面的评价，这就使得体育教学的评价更为客观、全面。美国的学校体育教学普遍采用过程性评价，着重强调通过评价改善教学质量和激励学生学习，过程性评价是在教学过程中经常对教学进行评估，并将评价结果及时反馈给教师和学生，从而对教师教学和学生学习进行有效的控制。在评价标准上，美国的学校体育淡化一般标准评价，强调个体评价，即主张以个人进步来评价学生的体育学习效果，而不是通过相互比较或以一个统一绝对的标准来衡量。

七、教师

国家体育和运动协会（NASPE）是美国健康、体育、休闲和舞蹈联盟（AAHPERD）中的一个协会，它制定的有关体育师范本科专业的标准，强调了预备教师应有的行为表现。国家体育和运动协会期望那些达到标准要求的新体育教师，有足够的能力实施国家体育和运动协会制定的学前班至 12 年级体育标准的课程与教学。

不管采用何种方法，各大学都要提供证据来证明预备教师在新体育教师的十项国家标准上有合格的表现。此标准中所列出的学习成果，是为了强调每条标准的关键要素，以帮助师范专业对预备教师进行评价。这十项国家标准如下。

标准一：内容知识。

体育教师能够理解与人的发展相关的体育内容及学科概念。

学习成果——预备教师将能够：①确定动作技能表现中的关键，并能够把动作技能组合为适当的序列，以达到促进学习的目的；②熟练示范多种身体活动的动作技能；③描述与熟练动作和身体活动相关的行为概念和策略（如体能原理、比赛策略、技能提高的原理等）；④描述并应用生物科学（如解剖学、生理学、生物力学）和心理学的概念以发展熟练的动作技能、身体活动和体能；⑤基于历史的、哲学的和社会学的视角，理解并讨论当前体育或活动领域的问题和规律；⑥了解和认识州和国家制定的内容标准及地方的课程目标。

标准二：成长和发展。

体育教师理解个体是如何学习和发展的，并且能够提供机会来支持个体在身体、认知、社会性和情感上的发展。

学习成果——预备教师将能够：①把握个体和小组的行为表

现，以便能设计出满足学生身体、认知、社会或情感领域发展需要的安全的教学；②理解那些与个体学习和改善动作技能发展相关的生物学、心理学、社会学及经验和环境等因素的影响（如神经系统的发展、体格、性别、社会经济状况等）；③根据对学生、学习环境和任务的理解来确定、选择和运用适当的学习（练习）机会。

标准三：学生的多样性。

体育教师理解个体在学习方式上存在的差异，并且创造出针对这些差异的适宜的教学方式。

学习成果——预备教师将能够：①确认、选择和运用适当的教学，这种教学敏锐地针对学生的优势或劣势、多种需要、学习方式和先前的经验（如文化的、个人的、家庭的、社区的）；②运用适当的服务和资源来满足学生多样的学习需要。

标准四：管理和激励。

体育教师运用其对个体和团体动机与行为的理解，创造一种安全的学习环境，这种环境鼓励学生进行正向的社会互动、积极参与学习和自我激励。

学习成果——预备教师将能够：①运用管理常规，以创造良好的学习体验和环境；②能够组织、分配、管理资源（如学生人数、时间、空间、器材、活动、教师的注意力等），为学生提供积极且平等的学习体验；③运用各种适合学生发展的练习形式，激励学生在校内外参与身体活动；④运用策略，帮助学生展现出负责任的个人和社会行为（如相互尊重、支持他人、安全、合作等），这些行为能促进形成正向的相互关系和有效率的学习环境；⑤设计一种有效的行为管理计划。

标准五：交流。

体育教师运用有效的言语、非言语及媒体交流技术方面的知识，强化学生在身体活动环境中的学习和参与。

学习成果——预备教师将能够：①描述并表现出有效的交流技能（如使用明确、简洁、抑扬顿挫的语言表达，使用符合学生年龄特点的语言给予和接受反馈，能进行非言语的交流等）；②运用多种方式管理和传达教学信息（如公告板、音乐、任务卡片、海报、网络、录像等形式）；③对每位学生的特点和需要具有敏感性，并采取多种方式进行沟通（如考虑种族、文化、社会经济、能力、性别等方面的差异）；④描述且应用策略，来促进学生在身体活动中的交流。

标准六：计划和教学。

体育教师依据州和国家制定的标准，计划并且实施多种适合学生发展阶段的教学策略，以培养出受过良好体育教育的人。

学习成果——预备教师将能够：①确定、发展和采用适宜的课程及教学目标；②提出与课程、教学目标及学生需要相联系的长期和短期计划；③根据选定的内容、学生需要和安全问题，选择并应用教学策略，以促进学生在身体活动中的学习；④设计和实施安全、适宜、相关并基于有效教学原理的学习体验；⑤应用学科和教学法的知识，设计和实施有效的学习环境和体验；⑥为学生提供整合多个学科领域的知识和技能的学习体验；⑦选择和实施适宜的（如可理解的、准确的、有用和安全的）教学资源和课程材料；⑧使用有效的示范和讲解，将身体活动的概念和适当的学习体验联系起来；⑨发展和使用适当的教学短语和提示，促进学生形成熟练的动作技能表现；⑩发展一套直接和间接的教学形式，促进学生的学习（如提出问题、形成方案、促进问题解决和批判性思维、促进事实性回忆等）。

标准七：学生评价。

体育教师理解并使用评价方法，促进学生在身体活动过程中在身体、认知、社会和情感方面的发展。

学习成果——预备教师将能够：①识别各种类型评价方法的关键要素，描述出使用各类方法的适宜和不适宜的方面，并关注效度、信度和偏差的问题；②采用各种适当的真实评价技术和传统评价技术来衡量学生的理解和表现情况，提供反馈，并与学生交流其进步情况（既有形成性评价，也有总结性评价）；③解释并使用学生学习和表现的数据，为课程和教学决策提供依据。

标准八：反省。

体育教师是善于反省的实践者，他们评价自己的行动对他人的影响（如学生、父母或监护人、同行专家等），也寻找机会使自己获得专业的发展。

学习成果——预备教师将能够：①采用一个循环的程序进行自我反省，这一程序包括描述教学、对教学表现进行论证、指正教学表现、设定教学目的、实施改变等；②利用可能的资源（如同事、文献、专业协会等），来使自己成为一个善于反省的专业人员；③基于对个人教学表现的评价，制订一个持续促进个人专业发展的计划。

标准九：技术。

体育教师使用信息技术来增强学生的学习，并促进个人和专业的发展。

学习成果——预备教师将能够：①了解现代信息技术，具有在体育教育中应用这些信息技术的知识；②设计、发展和实施那些整合了信息技术的学生学习活动；③使用信息技术进行沟通、建立网络、寻找资源，持续地增进专业发展。

标准十：合作。

体育教师需培养与同事、学生父母（监护人）和社区机构的相互关系，来支持学生的成长和健康。

学习成果——预备教师将能够：①确定策略，使自己成为一个能在学校和社区呼吁增加多种身体活动计划的倡导者；②积极参与体育的专业团体（如本地的、州的、地区的、国家的），也包括更广泛的教育领域的专业团体；③确认并积极寻找社区资源，来增加学生参与身体活动的机会；④与学生父母（监护人）和学校同事建立富有成效的关系，来支持学生的成长，使他们保持健康。

美国体育师范专业的本科标准有利于提高教学的专业化程度，对教师成为一门专有职业具有强大的促进作用。从以上内容可以看出，该标准体现了当前美国对体育教师所应当具备的专业素质的基本要求，为美国体育教师的培养提供了有效的参考标准，为美国体育师资质量的提高提供了巨大的帮助。

美国学校体育教师队伍的情况：在全国范围内，小学体育教师平均有 12 年的教学经历，初中和高中体育教师平均有 11.7 年的教学经历。在美国，80.0%的学校要求新雇用的体育教师必须在体育教育或相关领域有本科或研究生学历，77.3%的学校要求新雇用的体育教师具有州颁发的体育教育资格证书，62.9%的学校要求新雇用的体育教师要在体育教育领域里进行继续教育和深造。

许多州和地区要求新雇用的体育教师拥有资格证书。具体来说，68.6%的州和 84.2%的地区规定小学新雇用的体育教师必须有州颁发的资格证书，88.2%的州和 86.5%的地区规定初中新雇用的体育教师必须有州颁发的资格证书，90.0%的州和 92.6%的地区规定高中新雇用的体育教师必须有州颁发的资格证书。在大多数的体育课堂和课程中，体育教师都有州颁发的教学资格证书。具体来说，85.7%的小学体育教师有小学水平的体育教育资格证书，80.4%的初中体育课教师有初中水平的体育教育资格证书，89.5%的高中体育课教师有高中水平的体育教育资格证书。三分之一（33.1%）的小学体育教师、67.1%的初中体育教师、72.7%的高中体育教师也在校际运动中充当教练的角色。

在文前的研究中，87.7%的学校要求体育教师接受至少一项体育领域的教职员培训。至少一半的体育教师接受了伤害预防和急救、单人和双人运动项目、运动技能和概念教学、团体性运动教学的教职员培训。超过三分之一的教师想接受评价学生表现、长期健康状况、发展和使用学生体育档案、鼓励家庭参与体育运动、帮助学生发展个人身体活动计划、提高学生体育课上积极活动的时间、促进肥胖学生积极参与体育课、运动技能和概念教学、对生理和智力残疾学生的教学、使用体育监测设备及使用新技术方面的进一步的教职员培训。

在全国范围内，66.0%的州有政策规定教师必须继续进行体育教育专业的进修才能维持州颁发的体育教育资格证书。在所有地区里，47.4%的地区有政策规定体育教师要继续进行体育教育进修。

从以上的资料可以看出，美国几乎所有的中小学体育教师均具有学士学位，部分具有研究生学历，专业多为体育教育和健康教育。大部分的体育教师都具有体育教育资格证书，说明美国重视体育教师的专业化培养，体现了美国对体育教师所应具备的专业素质的基本要求。美国非常重视教师就职后的进修培训，对体育教师展开了多方位的继续教育工作，许多州和地区对体育教师的资格问题进行了规范要求。

第四节　美国学校体育中的课外体育教育

美国一向很注重课外体育活动在促进人的个体社会化方面的作用，特别是由于体育课的分配常常是极为有限的，那么课外体育活动就成了帮助学生完成课程的好办法。早在 20 世纪初，美国高等专科学校就积极倡导学生进行课外体育活动，后来又在中学推广课外体育活动，但一直没有专门负责组织实施并检查这项活动的机构和人员。1913 年，密歇根大学和俄亥俄大学成立了专门组织实施体育课外活动的管理机构，这个机构的人员不仅包括体育教师，还包括负责课外体育活动的专职人员。他们的任务是培养学生形成进入社会所需要的知识技能、道德观念、思想方法、情感和行为，使学生朝预定的轨道发展，从而培养美国社会所需的合格的接班人。

据目前的统计，美国中小学参加课外体育活动的学生多达 80%以上，5—12 年级的学生参加课外体育活动的时间平均每周为 12.6 小时，其中 7—9 年级学生的课外活动时间最长，平均每周 13.2 小时，10—12 年级学生的课外活动时间平均每周为 12.1 小时。从每周的课外体育活动时间与体育课时间（平均每周 2.35 小时）的比较可以看出，美国学生的体育活动时间主要在课外。美国学校的课外体育运动的组织形式以校内活动、运动俱乐部、校际竞赛等为主，5—12 年级的学生参加最多的运动项目依次为自行车、游泳、篮球、棒球、垒球、美式橄榄球、现代舞蹈等；在女生中最流行的是健美操、自由体操等；在男生中最流行的是美式橄榄球、足球、摔跤等。[①] 美国教育和体育主管部门及学校认为：课外体育活动对于增强学生的体能，培养他们爱好体育运动的兴趣，发展勇于竞争的个性，建立富有生机的社会环境是非常重要的。[②]

一、步行和骑自行车上学计划

在美国，体育活动有着非常广泛的含义，为了保障儿童青少年身心的健康发展，学校不仅要为学生提供参加校内体育活动的机会，而且还要为他们提供参加各种学校之外的体育活动的机会，倡导学校体育与校外活动的结合。

在2003—2006年，媒体、公共卫生部门、联邦及州政策的制定者都对美国肥胖率增长的现状给予了很大的关注。这种流行病，特别是在美国青年人中间，已经成为公共卫生部门投入巨资和给予大量关注的头号领域，州政策的制定者已经采取了相应的行动，以期控制这种趋势的发展。

州和地区被要求要在体育政策上支持或推动学生上下学的步行和骑自行车活动，指定“安全路线”或“首选路线”，并提供骑自行车所用的设备和头盔。在全美范围内，13.7%的州鼓励地区或学校支持和推动学生上下学的步行和骑自行车活动，17.5%的地区采取了州鼓励地区或学校支持和促进学生上下学的步行和骑自行车活动的政策。在全国范围内，44.3%的学校支持并提倡学生步行或骑自行车上下学。

“步行和骑自行车上学计划”体现了美国体育教育与学生日

---

① 李兴艳. 20世纪末美、日、中学校体育之比较[J]. 中国学校体育，2000（4）：65-66.

② 王永盛. 美国学校体育简介[J]. 中国学校体育，1997（5）：66-69.

常生活相结合的趋势。美国肥胖症患者的增多，国民体质的下降，使得美国的体育教育与学生的日常生活紧密联系起来，学校更加注重培养学生终身体育的思想；另外，这也体现出美国的体育教育对学生在自愿进行身体活动方面并没有更好的办法，在培养青少年自觉的运动习惯方面并没有真正有力、有效的措施。

二、校内活动和运动俱乐部

美国学校的校内活动和运动俱乐部，其形式差异很大。有按学生的爱好兴趣分组，有按学生体质强弱分组，也有任学生随意选择的。项目有田径、球类、体操、游泳、轮滑、舞蹈、健身操、跳绳等。许多学校在开展课外体育活动或者举行运动竞赛时，都鼓励更多的学生参与，强调参与、竞争的意识。学生也会踊跃参加，并将此作为战胜自我、提高健康水平的机会。另外，大部分学校的校内活动和运动俱乐部在时间安排上也很灵活，学生可以选择合适的时间参加相关活动。

几乎一半的学校（48.4%）都有校内活动或会为学生提供运动俱乐部。确切来说，49.5%的小学、48.5%的初中、44.8%的高中会给学生提供校内活动或运动俱乐部。超过四分之一的小学有棒球、垒球、被儿童当作棒球玩的一种塑料空心球、篮球、赛跑或慢跑活动；超过四分之一的初中有棒球、垒球、被儿童当作棒球玩的一种塑料空心球、篮球、橄榄球、赛跑或慢跑、足球和排球运动；超过四分之一的高中有篮球、排球和举重训练（表 3-4）。

表 3-4 校内活动和运动俱乐部情况一览表（SHPPS 2006）

校内活动和运动俱乐部	小学百分比（%）	初中百分比（%）	高中百分比（%）
有氧运动	11.7	13.0	14.7
羽毛球	5.6	10.0	15.6
棒球、垒球或塑料空心球	27.7	28.0	22.2
篮球	38.3	42.4	37.2
保龄球	7.7	10.4	10.6
促进心血管健康的活动	23.9	20.6	24.0
舞蹈	15.0	16.2	13.6
足球	23.0	30.4	19.7
飞盘、飞盘高尔夫	10.8	15.9	14.5
高尔夫	4.2	11.0	11.3
体操	11.3	8.2	4.6
徒步、背包或横渡竞赛	3.4	4.5	7.5
曲棍球	16.6	17.2	13.5
跳绳	22.9	19.1	16.2
长曲棍球（网棒球）	3.4	6.0	5.5
武术	5.6	4.5	4.1
不固定的自行车	1.5	3.5	6.3
球拍运动（除网球外）	6.8	9.3	13.1
跑步或慢跑	28.6	29.0	24.1
溜冰	3.3	6.1	4.2
滑雪	3.1	6.0	7.1

续表

校内活动和运动俱乐部	小学百分比（%）	初中百分比（%）	高中百分比（%）
足球	28.6	27.7	18.8
游泳、跳水或水球	2.1	7.6	6.3
网球	8.6	10.7	12.4
排球	24.6	35.5	27.4
步行	20.0	19.2	20.4
举重训练	4.1	13.9	28.6
摔跤	5.5	9.5	6.8
瑜伽或柔韧术	12.7	11.0	9.9

在提供校内活动和运动俱乐部的48.4%的学校里，89.1%的学校会在学校公告里向学生提供校内活动或运动俱乐部的信息，80.0%的学校会通过学校里的时事通讯、报纸或其他学校出版物来提供信息，74.4%的学校会通过海报或其他在学校里陈列的材料来提供信息。一半以上的学校会付报酬给管理校内活动或运动俱乐部的职员。22.9%的学校在校内活动或运动俱乐部活动结束后会送学生回家。确切来说，16.9%的小学会送学生回家，31.0%的初中会送学生回家，28.0%的高中会送学生回家。在提供校内活动或运动俱乐部的48.4%的学校中，88.6%会提供可能需要保护装置的活动。在这些学校中，85.8%的学校要求学生在进行活动时穿戴适当的保护装置。

从以上资料可以看出，美国学校的校内活动和运动俱乐部较为普及，活动内容丰富多彩，充分体现了美国社会多元化人口结构的特征，多数校内活动或运动俱乐部有正规的管理人员，在整个活动中和活动后都非常注重学生的安全问题。

三、校际体育比赛

美国各个中学都有代表学校参加竞赛的运动队，以篮球、棒球、橄榄球、足球、排球、田径最多，东部地区各校还有体操队。许多高中学生运动员的成绩也达到了很高的水平，美国中学的校际竞赛通常由学校的体育部或运动俱乐部组织。他们会按计划参加社区、州或地区的体育竞赛，竞赛项目主要为田径、篮球、棒球、橄榄球、网球、高尔夫、摔跤、游泳、越野跑。州以上的比赛由州的中学竞技运动协会组织，美国每年都会举行一次全美少年奥运会，一般是由各州从州内的学校选拔出最优秀的队员组成中学联队，代表本州参赛。各州都有体育运动协会，美国的中学生体育竞赛大多是在本州内举行的，全国性的中学生竞赛不多。全美中学体协联合会，负责组织管理全国的中学生竞赛活动。中学各校队的教练员由学校的体育教师担任或正式的教员担任。美国高中的竞技体育水平很高，在举行全国的高中体育竞赛时，一些项目也会被全国性的电视台转播，如每周五晚上，是转播高中篮球和橄榄球比赛的时间。每个赛季结束前都会举行各个项目的联赛，最后是州的冠军赛，以决出州冠军和其他名次。

美国中学在篮球、棒球、田径、女子排球、垒球、体操项目上的开展非常普及，尤其是篮球、棒球，学生从六七岁便会开始系统的训练，到高中阶段已达到很高水平。中学篮球校队一学年大约打 40～50 场正式比赛，棒球队约参加 40 场比赛。比赛多安排在假期（美国中学一年有三个假期），城市中的比赛很频繁，会按社区划出几个赛区。分区赛后，前几名再比赛，先决出社区的冠军，再争夺全市的名次。在暑假，各运动协会经常组织各个竞赛项目的夏令营，美国大学和职业俱乐部的体育明星也会去辅导并与学生交流。高中的学生运动员每天大约训练 2 个小时。美国中学的体育经费来源主要靠地方政府拨款、税收和社会捐助。社区和市以上的中学体育比赛会发售入场券，收入会作为体育竞赛活动的经费。

在全国范围内，77.0%的初中和 91.3%的高中会为学生提供至少参加一项表 3-5 里所列的校际运动的机会。一半以上的初中提供校际篮球、啦啦队、越野赛、快速或慢速垒球、橄榄球、田径和排球比赛（表 3-5）。一半以上的高中提供校际棒球、篮球、啦啦队、越野赛、快速垒球或慢速垒球、橄榄球、高尔夫、足球、网球、田径和排球比赛。29.1%提供校际运动的学校会在活动结束后送学生回家。

表 3–5　中学校际运动情况一览表（SHPPS 2006）

校际运动	初中百分比（%）	高中百分比（%）
羽毛球	4.2	7.2
棒球	35.7	79.6
篮球	76.4	90.9
保龄球	3.0	17.2
啦啦队	50.9	77.3
越野	38.9	68.4
速降或越野滑雪	3.2	5.9
快速垒球或慢速垒球	45.2	77.9
曲棍球	7.1	10.2
橄榄球	53.0	71.0

续表

校际运动	初中百分比（%）	高中百分比（%）
高尔夫	22.1	68.4
体操	5.2	10.1
冰球	2.4	14.3
长曲棍球（网棒球）	3.7	12.8
步枪射击	2.1	3.8
英式足球	32.3	60.3
游泳或跳水	6.9	37.8
网球	12.6	53.0
田径	52.1	73.2
排球	57.3	71.4
水球	0.5	2.6
举重	9.9	23.8
摔跤	28.7	49.6

在 82.6% 提供校际运动的初中和高中里，86.7% 的学校会给参加校际运动的学生分发一份包含政策、规章、规则和强制措施内容的手册。另外，63.9%提供校际运动的初、高中不允许教师使用身体活动来惩罚那些在校际运动中表现不好的学生，9.1%的学校强烈反对这种行为。在提供校际运动的初、高中里，超过90%的学校几乎总是或总是严格地禁止危险的运动行为，严格禁止学生、观众、教练在体育运动中有暴力或攻击行为，严格禁止酒精和毒品的使用，强烈反对学生使用类固醇、荷尔蒙或其他物

质来提高运动表现，会向有关当局报告所有的运动伤害，避免可能导致诸如中暑、疲劳、脱水、扭伤或拉伤的过度运动。

另外，88.5%的学校几乎总是或总是要求在学生运动前由卫生保健人员对他们进行身体检查，66.4%的学校几乎总是或总是对有良好运动精神的学生进行奖励。最后，在提供校际运动的初、高中里，97.9%的学校建立了由卫生保健人员提供的在运动员受到脑部伤害后允许其再次参与到运动中去的标准，97.0%的学校建立了安全运动环境的标准（如避免极端温度或危险的运动条件），98.7%的学校要求学生在进行校际运动时穿戴合适的保护装置。

一些州和地区规定校际体育比赛的主教练必须上完一个完整的教练培训班（50.0% 的州和 61.5% 的地区），必须拿到急救证书（47.7% 的州和 61.3%的地区），必须拿到心肺复苏证书（CPR）（47.7% 的州和 57.7%的地区），被学校或学区雇用过（39.1%的州和 56.8%的地区），有执教证书（32.7% 的州和 46.0%的地区），在将要执教的项目里有执教经验（15.2% 的州和 28.7%的地区），在任何体育项目中有执教经验（12.8%的州和 33.5%的地区）。在全国范围内，31.1% 的州和 55.0% 的地区要求助理教练或运动协助志愿者（协助教练工作但没有报酬并可能不是学校的员工）得完成一个培训课程。

在 82.6% 提供校际运动初、高中里，57.7%的学校要求主教练有急救能力，55.5%的学校要求他们有心肺复苏证书，58.4%的学校要求他们完成教练课程，43.7%的学校要求他们被学校或学区聘用过，39.3%的学校要求他们在任何体育项目中有执教经验，36.4%的学校要求他们在将要执教的项目中有教练经验，25.7%的学校要求主教练有执教证书。另外，44.3%的学校要求助理教练或运动助理志愿者要完成培训课程，47.6%的学校有专业的运动训练人员为校际运动队提供服务。

从以上资料可以看出，美国校际体育比赛的水平高，普及情况好，管理规范，内容多样，并且非常注重比赛的安全性和教练的培训及资格审查，是美国学校体育重要的组成部分。

第五节 美国学校体育的基本特征

一、体育教育的创新化

（一）理念创新

当今的美国教育理念允许体育教育者将课程看作所有身体活动的一个部分，选择什么样的课程取决于计划的目标和最能使学生达到这些目标的各项活动，一旦目标确立了，教师就能自由选择达到这些目标的各项活动。国家体育和运动协会的指导方针（1995）也允许体育教育者选择基于当地情况的活动。指导方针确定了学生应该看重、知道和能实施的东西。另外，指导方针希望学生能精通几项运动并学会许多运动项目（水上运动、团体运动、单人和双人运动、户外追击、正当防卫、舞蹈和体操）。这虽然给出了学生应该看重、知道和实施的一般内容，但个体体育教育者可以在具体的情况下制定特定的目标和活动项目。[①]

这种将课程里的活动看作达到目的的手段的观点让体育教育者根据学生的需求、兴趣和能力选择活动内容，而不是预先对

① Kovar S K, Ermler K L, Mehrhof J H, et al. Choosing Activity Units to Promote Maximum Participation: Creative Physical Education Curricula[J]. Physical Educator, 2001, 58(3):114-123.

学生必须学习什么运动做出限制。例如，如果计划目标是提高学生的击打技能，体育教育者可以使用像排球、足球、保龄球、空手道、拳击和棒球这样的运动。最后被选出的活动将是教师预测（根据历史和学生参与）学生能最大程度参与的活动。

根据这种观点，教师会考虑学生看重什么及学生喜欢和不喜欢什么。学生倾向于参与他们认为最有乐趣的活动（Silverman & Subramaniam，1999）。施图基－罗普和迪洛伦佐（Stucky-Ropp & DiLorenzo，1993）指出，乐趣对男生和女生都意义重大。不喜欢体育课的学生可能一生都会在他们的日常生活中逃避身体活动（Carlson，1994；Portman，1995）。积极的体育参与需要有吸引儿童青少年的体育形式。在当今的美国学校体育教育中，乐趣已经成为学生参与身体活动的一个关键因素，并和年轻人的身体活动紧紧联系在一起（Borra，Schwartz，Spain，Natchipolsky，1995；Stucky-Ropp，DiLorenzo，1993；Tinsley，Holtgrave，Reise，Erdley，Cupp，1995）。有证据表明，通常情况下，学生不喜欢参加不熟悉的活动（Kovar，1996；Strand & Scantling，1994）、高强度的活动、他们认为太难的活动、寒冷天气下的户外活动。

教师会根据学生的兴趣信息调整课程。调整会基于学生的偏好、以不同方式教授学生不喜欢的活动、教授某项活动时间充足以使学生的技能变熟练等方面来增加或删除某些活动。弗莱明（Fleming，1999）描述了如何提供基于学生的兴趣制订计划的“选择性”方法。学生每学期只参加两项活动，并在注册时就确定这两项活动。例如，学生可以登记排球/举重、橄榄球/篮球、有氧舞蹈/篮球等。如果“选择性”方法没有用，教师就要考虑利用学生的兴趣信息来增减课程中的活动。教师决定计划的目标，而这些目标是选择活动的最重要的因素，当地的条件（器材、设备、预算）和教师的专业水平都会被考虑在内。

当然，仅仅迎合学生兴趣可能不会达到体育教师制定的目标。例如，也许学生需要开阔的体育运动方面的视野，从这一点上来说，在咨询了学生不喜欢这项活动的原因后，以不同的方式教学就会是有效的。这样，教师在教授这项活动时便会清楚学生为什么不喜欢它，并制订弥补这种情况的计划。这可以让教师选择相应的教学方法来帮助学生改变不喜欢这项运动的状况。例如，在向学生了解情况之后，发现女孩子不喜欢射箭，因为她们缺乏必要的上肢力量，这样就可以把射箭运动推后，让学生先进行必要的上肢力量的锻炼，直到她们能够进行正常的射箭活动。又如，发现男孩子不喜欢网球，因为他们技能不够熟练，而且他们认为网球并不是一项充满“男子气”的运动。解决“不熟练”这个问题，可以通过教授提高网球技能的内容；在社区体育中提供一个针对学生的暑假网球计划；调整网球教学，让学生能有成就感；解决“不男子气”这个问题，可以通过找一位男网球教练去学校参与教学、带学生参观当地网球俱乐部来发现打网球的男性的气质、让学生自己思考什么样的特征是“不男子气”的。事实上，这种特殊的选择（以一种新的方式教授一项不受欢迎的运动）对教师和学生来说是双赢的，它既可使教师对课程有更多的控制，同时也解决了“选择性”方法不能解决的难题，即学生可能不喜欢某项运动是因为它的教授方法而不是天生就不喜欢此项运动。

重视学生的想法是美国体育教育中很常见的现象。几位学者都同意在设计符合学生兴趣的计划时考虑学生的运动偏好是非常重要的一个部分（Fleming，Mitchell，Gorecki & Coleman，1999；Solmon，1997）。弗莱明等的研究进一步表明，现在的学生和将来的学生的运动偏好应该是由现在不断提供对什么样的学生教授什么样的活动的信息过程决定的。

美国的中小学体育教育是不断创新的过程。它将课程看作是各种活动中一个灵活的部分，以达到国家体育和运动协会的一定标准（如提高健康水平、发展技能或提高参与率）（Kovar，1998）。强调的重点是用各种活动来达到一定的目的而不是创立教授具体项目的课程（如排球、篮球、足球）。这样，课程就并非一成不变的，而是根据各种情况的发展变化而不断变化的。除此之外，在中小学的体育计划中，许多终身体育活动都不是传统的课程。这种创新的活动能提高学生的注意力、热情和运动动机。彭宁顿和克鲁斯卡斯（Pennington & Krouscas，1999）发现，参加终身体育活动的学生的运动态度都有所提高。据统计，学生都非常喜欢对传统团体体育活动的改变，对学习不同的体育活动有极大的兴趣，并表示他们可能会在校外继续参与这些类型的体育活动。

（二）活动创新

为了达到更好的教学效果，美国社会充分利用青少年喜欢电子游戏的特点，开发新型体育健身器材，市场上出现了多种和电玩相关的运动设备，例如，“跳跳革命”（Dance Dance Revolution，DDR）、Wii（任天堂在2006年推出的新一代电视游戏机）等，其中“跳跳革命”已经进入了许多学校的课堂，不需要任何超出基本协调能力的技能，就可以让所有孩子的运动更加有趣和具有挑战性，这使得美国的学校体育呈现出了很强的“娱乐性”特征。

随着20世纪90年代末交互式电子游戏的出现，教育思想逐渐贯彻到游戏的设计开发中，特别是像“跳跳革命”等健身类的电子游戏，尝试将体育教育融入电子游戏的设计中，使舞蹈、游戏和体育锻炼融于一身，使孩子们以娱乐的心态投入运动健身，这种两全其美的方式使体育教育者对电子游戏的认知有了观念上的转变。即便是最犀利的批评家也对健身游戏的发展表示出了乐观态度。曾经就电子游戏对青少年的影响提出过严厉批评的美国媒体和家庭研究所的创始人就表示：“保留这种极具吸引力的科技产品，将它转化为对青少年有益的东西，不失为一个好主意。”

近年来，美国的儿童肥胖问题日渐严重。调查显示，美国2～19岁的肥胖人群比例从1999年的14%上升到2015年和2016年的18.5%。此外，2013—2014年和2015—2016年调查的总体肥胖率没有统计差异，说明近年来肥胖率下降的希望并不大。超重和肥胖均对健康产生严重的威胁，它能导致诸如糖尿病和心脏病之类的疾病。除了高热量饮食外，身体活动的减少是导致肥胖在全美范围内扩散的主要原因。对少年儿童来说，每天4～6小时沉溺于电视、电脑和传统电子游戏中，不但会引起超重、肥胖，还会导致包括视力下降、心肺功能降低、运动素质下降等一系列健康问题。而同样为电子游戏的交互式健身电子游戏，却能使那些每天都在电视、电脑和电子游戏屏幕前的孩子们运动起来。目前，越来越多的研究已证实了交互式健身电子游戏的健身作用。即使在最初级的游戏水平，多于1小时的交互式健身电子游戏足可以帮助孩子们减轻体重并提高其身体机能水平；还有研究指出，7～12岁的孩子经过12周的交互式健身游戏锻炼后，动脉功能和体能状况会明显提高；而且，交互式健身电子游戏增加的能量消耗要大于同期他们在跑道上的行走和慢跑，并对增强少年儿童的自信心、形成积极的体育锻炼态度更为有利。现在，交互式健身电子游戏已成为美国家长用来抵御儿童肥胖症蔓延和提高体质健康水平的最新利器。

美国《纽约时报》健康版报道了西弗吉尼亚州的学区正式把跳舞机引入学校，并且西弗吉尼亚州通过行政手段批准其下属

765 所公立学校每校购买一台这种设备以供体育教学使用。在伊利诺伊州，一些中高等学校的体育课为学生们安排了 DDR 课程。按照体育教师所说，交互式健身电子游戏满足了其他教学手段不能实现的学生们的要求，男女生都喜欢它，交互式健身电子游戏让他们在不知不觉中锻炼了身体。全美至少已有 10 个州的数百个学校把交互式健身电子游戏列入体育课程的常规组成部分。如今在美国，越来越多的学校开始把交互式健身电子游戏引入体育科目，并受到了学校教师和学生的普遍欢迎。

灵活的机制使得美国学校体育的理念和内容都不再拘泥于固有的教育理念和活动内容，美国的学校体育呈现出了浓郁的“创新化”特征。

二、体育教育的个性化

美国各级教育的实施，实际上是儿童从小形成的各种观念和价值体系的进一步发展。美国教育的突出特点是重视儿童少年的个性发展在教育中的中心地位，强调他们的表现力、主动性、创造性及各种活动能力、交际能力的培养等。

在小学阶段，美国的个性化教育主要表现为重视儿童表现力和主动性的培养和发展。从美国整个初等教育的大环境来看，美国儿童的发展是在一种极其宽松、没有更多压力的条件下进行的。

在中学阶段，美国的个性化教育主要是重视学生主动按照自己的兴趣和需要进行独立学习。美国中学的特点是初中和高中都实行学分制，中学开设的课程注重学生不同选择的需要。许多学校除必修课以外，还有大量的选修课，选修课几乎占全部课程的 50%。由于美国中学的学习生活是在多样性课程的学习中通过学生的自我选择完成的，因此，学生会根据自己的兴趣和需要进行学习，自觉地适应学校生活，掌握学习的主动权。美国中学的教学特点是注重教师的启发性教学，重视学生的个性发展和表现，重视学生在校内和校外各项活动中所表现出来的能力，重视学生之间人际关系的和谐，以及体育水平的高低。

美国的个性化教育及与其相应的机制有利于社会整体创新精神和创新能力的培养和提高。美国学校的管理制度比较强调宽松，学生在学校里有一个自由的思考空间，学校的教学组织制度具有灵活性，个人能根据自己的兴趣和能力选择自己的学习方式和进度；它也使学校的课程设置出现了多样性，加大了选修课的比例，为个体创造能力的发展提供了有利条件。

无论是针对不同时期的学生，还是针对不同的个体，美国的体育教育表现出了强烈的个性化特征。从教学大纲的设置可以看出，不同发展阶段的学生的体育教育是完全不同的，教学的实施以学生身体能力的发展水平和成熟度作为依据，尊重学生所处的发展阶段的特点。同时，在体育教育中，注重学生个性化的发展，课程内容的设置以学生为主体，注意学生积极性的发挥，不将学生作为克隆对象按照统一的标准对待，而是依据不同的水平给予其帮助。不同的课程内容可以满足不同学生的需要，课程内容丰富多样，学生可依据自己的水平选学喜爱的内容。美国各州和各校都有很大的自主权，强调根据本地条件制定相应的体育教学大纲，而且学生有选择性。例如，纽约州规定，7—12 年级的学生可根据自己的兴趣，从大纲规定的内容中选择一项或两项运动项目作为终身锻炼的项目。

在体育课程标准方面，美国的体育教育也表现出了显著的个性化特征。加利福尼亚州的体育课程标准明确指出：①让所有学生都有一种通过与他们的生活紧密相关的运动而获得健康生活方式的愿望和能力；②体育课程应该在满足每个学生个性需要的基础上，提供不同的、适宜的教学方法；③教师要重视学生的差异，为所有学生规划学习进程，并促进所有学生的发展；④让所有学生在活动中得到乐趣。

俄勒冈州的《体育课程标准》包含以下几个部分。

标准一：表现出有效的运动方式。

（1）在各式各样的运动中展示运动技能的能力，并能够在一项运动中展现专业水平。

（2）将运动的理念和原则应用于运动技能方面。

（3）将合适的规则和战术战略应用于体育活动、游戏和竞技运动中。

标准二：终身体育思想。

（1）提供一个运动的、积极的生活方式的迹象。

（2）展示出达到并不断提高健康的生活健身水平的方式。

标准三：自我管理和社会行为。

展现负责的社会行为，并尊重在体育运动中人们展示出来的差异性。

可以看出，俄勒冈州的《体育课程标准》只提出了三个学习领域的课程标准和水平目标，并没有对水平目标的内容做具体的规定。这既考虑了学生的基础运动能力，又给学生的个性化发展留出了空间。

纵观美国的学校体育可以发现，个性化是一个非常明显、重要的特征，这种针对不同时期的学生和不同个体的个性化教育对我国的学校体育具有一定的启示作用。

三、体育教育的健康化

体育锻炼不仅可以使人们的身体保持在最佳的运动或体能

状态，还可以有效地调节和改善人们的精神状况，使人精力充沛，充满自信，性格开朗，思维灵活，从而充分发挥人的潜力，最终达到增进健康的目的。现代体育科学的研究表明，体育锻炼至少在以下 7 个方面能够促进人们的身心健康：①改善心情和刺激大脑；②提高呼吸能力；③降低患心脏病的风险；④促进消化，加快脂肪代谢；⑤加固骨骼，提高关节柔韧性；⑥增强肌肉力量和张力；⑦改善血液循环。上述作用对于处于成长和发育中的儿童青少年来说尤为重要。体育锻炼必须以科学的体育教育理念或理论为指导才能实现终极的健康目的。美国的学校体育教育正是在这样的基本思想下积极展开的。

20 世纪 70 年代后半期，美国国民对健康和体能的要求日益强烈。美国卫生部发表了关于健康生活方式的多种报告和指南，高度关注国民的健康和体能现状。由于人们对体能的的认识不断增强，专家们开发了多种体能教育计划，如生活体适能、实验性体适能概念、SPARK（the Sports，Play and Active Recreation for Kids Programs，SPARK）、了解你的身体、总统挑战、最佳体适能、体适能测验等。

20 世纪 90 年代以来，“新的体育教育”强调健康的体育运动生活方式的发展（Weir，2000）。这项改革的基础是通过教给所有基础教育里的学生生理学、社会心理学、文化学上的身体训练知识来发展他们健康的生活方式。

美国学校的体育教学大纲包括三个方面：一是发展各种身体素质的练习；二是增进健康，预防各种疾病的练习；三是发展个性方面的内容。综观美国 1995 年、2005 年两版《国家体育标准》可以发现，体育是用来提高健康水平的，即通过体育“达到并保持一种不断增进健康的体育健身水平”。北卡罗来纳州的体育课程标准就是：①运动技能和形式；②应用知识；③有效的自我管理；④承担健康的责任；⑤对相似点和不同点的尊重；⑥自信和自我形象。“承担健康的责任”这一目标，旨在通过体育活动促进健康，帮助人们建立一种健康的生活方式。

当今美国体育教育的新趋势是建议学生学习体育运动的益处及如何达到中等强度水平的锻炼（疾病控制中心，1992；疾病控制中心，1996；美国健康和人类服务部，1996）。通常，中等强度水平的身体活动对长期身体健康，明显降低心脏病、高血压、几种癌症和糖尿病有非常积极的作用。对体育运动和健康的综合报告（美国健康和人类服务部，1996）指出，美国人可以通过参加中等一定量的体育运动充分提高他们的健康水平和生活质量。体育运动会降低死亡率，减少心血管疾病、高血压、癌症的发病概率，降低糖尿病的发病概率。而且，定期的体育运动能保持骨密度，降低肥胖症的发病率，缓解紧张焦虑的情绪，维持正常的肌肉、关节组织和关节功能（Blair & Morrow，1997；Hooper & Leoni，1996；美国健康和人类服务部，1996；Wells，1996）。定期参与体育运动被认为是孩子正常发育（美国体育医学学会，1988）的要点，促进儿童和成人的体育运动已经成了国家的健康目标。萨利和帕特里克（Sallis & Patrick，1994）指出，专家小组建议青少年每天进行至少 30 分钟中等强度的身体活动或每周完成至少三次连续的中等到剧烈的身体锻炼。[①]

为了进一步培养儿童青少年的健康习惯，政策制定者还对健康和体育课程制定标准或提高要求。其中，包括以下内容（部分）：作为课程的一部分，发展身体和健康教育项目；要求学生参加身体和健康教育项目；提高体育课的分钟数；要求全年的或

① Portman A P. Are physical education classes encouraging students to be physically active? Experiences of ninth graders in their last semester of required physical education[J]. Physical Educator，2003，60（3）：150-162.

每天的体育课。

疾病预防与控制中心（Centers for Disease Control and Prevention，CDC）在23个州资助教育和卫生机构以支持其相对应的学校健康项目，这些项目强调预防对健康有害的行为，包括和慢性病相关的身体活动。疾病预防控制中心还在28个州资助健康机构并通过多种营养、身体活动策略和设置来预防肥胖和其他慢性病。2001年，国会为了将“进步计划”作为1965年第十中小学法案的一部分，授权美国教育部来管理体育教育。现在这项计划叫作“卡罗尔·M. 怀特体育教育计划”（Carol M. White Physical Education Program），这项计划给当地教育部门和社区组织提供资金，为从幼儿园到12年级的学生发起、壮大和改善体育教育。总统体适能及运动委员会为全美各个年龄和水平的人们发展、贯彻、普及身体活动、身体健康、体育项目的信息和资源。在1996年发行了对身体活动和健康的医学报告后，总统体适能及运动委员会在“总统挑战”计划、“总统公认项目”中加入了“体适能健康奖”（有参考标准）和“积极生活方式项目”。1990年，美国政府提出了一项“健康公民2010计划”（Healthy People 2010），其中有三项是关于6～17岁青少年儿童的：第一，75%的青少年儿童每周至少有3天要参加体育活动，每次至少20分钟；第二，50%的青少年儿童能每天参加体育活动；第三，学校体育课中要有一半的时间用在从事终身性健身活动上。在这样的背景下，越来越多学校的体育课不再以传授竞技运动项目为主，而是以传授健身内容为主。甚至有的学校明确将体育课的内容全改为健身内容。美国对学生的身体测试方法采用“健康测试法”。它的倡导者认为，运动素质对运动员来说是重要的，而健康素质对每个人都重要，所以，此测试法是在科学的基础上，鼓励青少年积极锻炼，努力提高身体健康素质。最后，作为2004年重新授权的儿童营养及妇女、婴儿、儿童（Women，Infants and Children）的特别食品增补剂法案中的一部分，学区要求参与联邦学校提供膳食计划来发展当地的健康政策。这些政策、营养教育及营养大纲同样服务于身体活动。

四、体育教育的终身化

终身体育是现代社会发展到一定阶段的产物，反映了人的发展需要。终身体育体现的是整体而长远的体育思想，按照这一思想来理解，体育应该贯穿人生始终，与人生不可分割。在终身教育思想的影响下，近年来终身体育也越来越受到人们的重视。到1990年，全世界已有近100个国家将开展群众体育列为国家的目标之一。1993年6月，国际奥委会和世界卫生组织在洛桑签订了双方的合作备忘录，指出“双方合作的核心，是全民体育和全民健身”，终身体育成为占主流的体育思想[①]。从国际学校体育发展的过程来看，1978年联合国教科文组织便在巴黎召开了主题为“从终身教育看青少年的发展”的101个国家和地区体育部长会议，重点讨论了学校体育与社会体育和终身体育的衔接，体育向大众化、社会化、生活化和终身体育方向发展的主题。在这股终身体育的国际潮流中，美国既是重要的主导者，也是积极的参与者。

终身体育可以被认为是毕生的、个人的、和健康相关的（AAHPERD，2005）。所以，终身体育是整个生命期间人们自愿参与并有可能维持或提高个人健康或身体技能水平的任何活动。终身体育的强度要求从低等到中等，有时能达到剧烈程度。因此，

① 陈琦. 从终身体育思想审视我国学校体育的改革和发展[D]. 北京：北京体育大学，2002：76.

个体能够随着年纪的增长继续参与这些活动，而不必经受许多高强度训练产生的副作用。当个体提高了平均寿命，体育教育者就会思考他们所教授的活动类型。许多成年人倾向于找出适合他们生活方式及要求的最小空间、设备、器材和人数的活动。

早在 1977 年，格林多弗（Greendorfer）就指出，成年人的参与和其儿童时期的经验密不可分。她的研究结论支持 1996 年的儿童时期和成人期身体活动关联的调查。身体活动积极或和孩子一起进行体育运动的家长、看着孩子参加身体活动的家长、带孩子进行体育运动的家长会有更积极进行身体锻炼的孩子（国家体育和运动协会，1997）。

学校体育处于终身体育的中间环节，具有承前启后的重要作用。学生所接受到的体育是正规的、强制的、密集的、全方位的，对于学生体育意识、技能和习惯的培养十分重要。这个阶段所产生的体育后效应将在学生毕业后的几十年表现出来。所以，在学校体育阶段奠定学生终身体育的基础具有十分深远的意义。

身体活动不积极会导致高额的健康花费，引发社会问题。福克斯（Fox，1991）认为，成功的体育教育是发展人的终身体育参与而不是运动表现。有文献指出，体育课的正面经验能提高人们终身体育的参与度，并和生活质量息息相关（Oldridge & Streiner，1990）。研究表明，在儿童青少年时期，体育课上难忘的体育活动经历会激励他们在成年之后仍然积极参与体育活动。由体育运动产品协会在 2000 年发起的一项调查表明，18～34 岁的回答者中，有 60%的人指出少年时期体育课上的难忘经历鼓励着他们在后来的生活中进行体育活动；另外，在被采访的不喜欢运动、经常久坐的人中，只有 10%的人认为，儿时的体育课促进了他们进行体育活动。有证据表明，喜欢运动、有活力的儿童青少年到了成年之后也是有活力、爱运动的。泰拉马等（Telama，et al.）曾进行过一项长期的追踪研究，在1997年的研究结论中他们指出，儿童和青少年时期积极参与体育活动和体育比赛，与他们成年之后参加体育活动有一定的关系，这种影响是存在的。赖塔卡里（Raitakari）等的研究则关注的是那些不爱运动的人，1994年的研究结果表明，12岁时不喜欢运动的人中，到了18岁，有51%～63%的女生和54%～61%的男生仍然如此。

美国疾病预防与控制中心于1997年制定了“关于学校和社会为促进青少年终身体育运动计划”的指导方针，该方针指出，政策活动和教育能帮助学校达到国家体育和运动协会制定的体育标准。指导方针内容十条建议，其核心议题就是帮助青少年坚持进行体育运动。

研究发现，学生在学校期间对体育运动的热情和终身体育非常相关。有报告（美国卫生和人类服务部，1996）呼吁大家关注孩子在课堂上如何被对待及年轻人的运动会影响他们在今后的生活中是否会积极进行身体锻炼。应该避免使用锻炼作为惩罚孩子的手段。学生个人成功的经验和乐趣是和积极运动的愿望相关的。报告要求教师将健康的概念融入学校课程中，特别是融入体育课中。报告还指出，学校应改变课程使终身体育，受到高水平的非运动员和低水平学生的支持，这样，体育教育的重心也会从竞技运动和比赛转移到个人的目标实现上。

2000—2006年，强烈反对学校因为学生在别的课上行为不当而取消学生上体育课的州的百分比从20.4%上升到54.0%，禁止学校有这种行为的地区的百分比从19.2%上升到36.5%，采取政策禁止学校因为学生在体育课上的不良表现而用身体活动来惩罚学生的州的百分比从2.1%上升到16.0%，强烈反对这种行为的州的百分比也从25.5%上升到56.0%。

在美国的学校体育中，体育教育者为了鼓励学生在未来参加积极的身体锻炼，使用改变课程、提高参与机会、通过能力和性别组队、消除高水平学生对低水平学生的批评和指责等方法，可以鼓励一些不太积极的学生变得积极一些。另外，认识到对活动的态度差异、学生不同性别和水平的参与模式的差异、学生和同性或异性公共运动的舒适感水平会使教师设计出符合学生需求的学习环境。这些都有利于终身体育的开展和进行。

总体来说，近几十年来终身化的思想已融入美国中小学的体育课当中。具有终身体育价值的项目，如跑步、游泳、羽毛球、网球和健美操等已占体育课内容的47.6%。舞蹈、韵律体操和娱乐活动等更是受到了极大的重视。体育教育的目标不仅考虑学生的学校阶段，而且着眼于未来，为终身体育打基础。体育强调重视学生的体育态度、体育情感的培养及自主运动能力的养成。体育的内容以具有终身体育价值的运动项目和健身知识为主。现代教育特别强调“为学生的终身发展奠定基础”“如果最初的教育提供了有助于终身继续在工作之中和工作之外学习的动力和基础，那么就可以认为这种教育是成功的”。美国学校体育的发展过程也呈现出了关注终身体育、按照终身体育思想加快学校体育改革步伐的趋势。

第六节　美国学校体育的影响因素分析

任何一个国家的学校体育都会受到多方面的影响，政治、经济、文化、教育及大众生活方式都是影响其发展最重要的几大要素。本节试图从美国的核心政治理想、高度发达的经济、多元文化环境、教育改革浪潮及大众生活方式这几个方面分析美国学校体育的现状。

一、核心政治理想

美国一直以来都是移民国家，大约有3.3亿人口，他们几乎可以从其他地方找到自己祖先的痕迹。美洲原住民只占其人口的约1%。大量美国人的祖先来自德国、爱尔兰、波兰、墨西哥、非洲等国家和地区。

美国是个特殊的国家，是1776年在一套原则的基础上骤然建立起来的国家，这些原则形成了联系国民的共同纽带。这些原则是社会科学家所称的政治文化的一部分。

美国人的核心理想扎根于第一批白人移民的欧洲传统当中。他们在启蒙时代来到美洲大陆，当时的人们省悟到了人类进步的理念。这些移民要求有从事宗教活动的自由，希望更大程度的自治。他们的信念由欧洲思想和实践所塑造，而后者又由希腊–罗马和犹太–基督教的传统所铸就。许多移民寻求一种新的开端，但他们在这样做时并未完全脱离整个历史。正如历史学家保罗·加尼翁（Paul Gagnon）所指出的："第一批移民并没有航行到一片乌有之乡，他们的头脑里如同大西洋一样空荡荡……事实上，那些向西航行到美洲的人，并不是要建立一个'新世界'，而是把它们在旧世界中最珍惜的东西以新的方式带到自己的生活当中。"

殖民地的生活扩大了他们的视野，这种新的见识在《独立宣言》和《美国宪法》中得以表现。美国人形成了其特有的政治理想。后来的移民给这些理想的践行打上了鲜明的印记，也接受了这些理想。正如每一代美国新人所发现的，并不存在依照这些原则生活的固定方式。在实践上，这些理想甚至在同一代人中，对不同的人意味着不同的事物。

自由、平等和自治被广泛地认为是美国的核心政治理想。[①]

（一）自由价值观

自由是指这样一个原则，个人应当按照自己的意愿自由地行动和思考，只要他们不是无理地侵犯他人的自由和福利。正如历史学家路易斯·哈茨（Louis Hartz）所说，美国是“生来自由的”。《独立宣言》庄严地宣告，人们拥有“生命、自由和追求幸福”的权利。美国宪法开宗明义地宣布，政府建立合众国是为了谋求“我们自己和后代得享自由的幸福”。纽约港口屹立的自由女神像正是美利坚民族的象征，“星条旗”代表了“自由之邦”。

在制定美国宪法的时候（1787 年），自由被看作是保护人民的生活，使之免受政府的不当干涉，美国宪法通过对政府的限制来哺育自由。例如，第一条宪法修正案规定了禁止政府采取的一些行动：“国会不得制定关于下列事项的法律：建立国教或禁止信教自由；剥夺言论自由或出版自由；剥夺人民和平集会和向政府请愿的权利。”

美国人喜欢自由的环境，无论是政府还是其他外部力量或机构都无权干涉个人行为。对于美国人来说，个人自由的理念具有强烈的、积极的含义。

美国的政治埋想中，“自由”这个核心价值观在学校体育中也多有体现。美国的学校体育课分为必修课和补充课。必修课是指基本教学大纲内容的教学。必修课的教学主要有以下几种形式：①按周期（一般为几个星期）教授一定运动项目的基本课；②选修课：学生可选择自己感兴趣的运动项目；③综合课：包括基本课和选修课。选修课给了学生可选择自己感兴趣的运动

① 托马斯·帕特森. 美国政治文化[M]. 北京：东方出版社，2007：235.

项目的自由。

补充课是指那些必修课以外所增加的教学、训练课，主要形式有：班外课和校外课；参加学校体育俱乐部活动；青少年体育运动训练课。班外课是指在同一学校内组织的体育活动课；校外课是由不同学校的学生混合参加的体育活动的课；学校体育俱乐部是学生根据自己的兴趣进行某些项目的练习；青少年体育运动训练课是针对那些在某一运动专项方面具有非凡能力的学生而组织的专项训练。学校体育俱乐部使学生可以根据自己的兴趣自由地选择运动项目。

美国中小学的体育课很强调学生在运动练习过程中发展自我，培养自我自觉从事体育运动的习惯，在这方面补充课的教学组织方式更为明显。与必修课的教学不同，补充课的组织和练习主要由学生自己安排，教师只是进行监督并提出一定的建议，学生具有很大的自由性。随着体育课的进行，在经验和信心的增加的基础上，学生可做出更为重大和更为复杂的决定。教师可在这一过程中帮助每一个学生积极参与体育课的组织和练习，提高他们的组织能力和表现自我的能力，听取学生的意见，给予学生及时的反馈，最后使学生能够进行自我评定，制订体育课的计划和进行体育课的总结。

美国的学校体育课充分体现了美国社会核心的自由价值观。

（二）平等价值观

平等是美国人的另外一个政治理想，这一概念意指所有个人在道义价值上是平等的，有权受到法律的平等对待。美国为新移民提供了新的平等标准。欧洲以土地拥有权为基础的严格的贵族制度在美国无法实行。在当时，几乎任何一个移民只要想拥有土地，就可以拥有土地。正是这种对平等的自然意念，使得杰斐逊总统坚定不移地在《独立宣言》中写道：“我们认为这些真理是不言而喻的：人人生而平等。”

从托克维尔（Tocqueville）到詹姆斯·布赖斯（James Bryce），这些观察家都肯定地说，平等在美国已经扎根于人们的思维之中。布赖斯说，美国人否定“这样的观念”，即某些人可以仅仅因为出身或地位而比其他人“更好”。而且，或许任何一种理想都不能像更加平等的愿望那样激发起美国人采取政治行动。废奴运动、争取普选权运动都深深地植根于这种理想中。更为新近的美国黑人、妇女、西班牙裔、同性恋者和其他群体所组织的民权运动，都是这种理想力量的见证。

美国在建国纲领《独立宣言》中表明了美国人引以为豪的社会理想——“上帝面前人人平等”“法律面前人人平等”。值得注意的是，美国人的平等观念指的不是人人应该平均享受社会的物质财富，而是指人人享用社会财富的机会均等。教育机会均等的思想便是从这种观点引申出来的。在这种理想的激励下，普及教育成了美国教育的特色，也成了美国人的骄傲。因为在他们看来，一个民主自治的国家需要它的公民掌握一定程度的文化知识，这样他们才能够理智、有效地行使民主权利，国家才能有效地运转。

《美国教育基础——社会展望》一书中对教育机会均等是这样描述的：“在美国，教育机会均等包含以下几个方面：①让所有学龄儿童接受一定程度的免费教育，并把它作为就业的主要条件；②为所有儿童开设相同的课程，不管这些儿童有什么样的背景；③不同背景的儿童都应该在同样的学校就读；④在同一地区内要平等一致，因为教育税收和入学是按地区划分的。”[1]

① 理查德·D. 范斯科德等.美国教育基础——社会展望[M]. 北京：教育科学出版社，1984：358.

尽管美国人追求的是“在法律面前人人平等，在上帝面前人人平等”，但在现实生活中，一些低收入家庭和少数族裔的儿童并未获得均等的教育机会。因为教育必然会受到社会阶级背景和家庭经济条件的影响和制约。据有关统计表明，在智商、成绩与家庭背景对个人所受教育年限的影响中，家庭背景的影响因素占有重要分量。第二次世界大战结束后美国社会发生了很大变化，特别是20世纪60年代中后期爆发的黑人民权运动，动摇了美国传统的社会结构。为了缓和社会民族矛盾，美国政府试图通过推行种种福利和平等教育政策来改善社会下层民众的经济状况。为此，美国联邦政府通过一系列法案，用直接拨款等方式为底层阶级的学生进行补偿教育、特殊教育和双语教育等，目的是要使那些在受教育上处于劣势的少数族裔和低收入家庭的儿童在现存教育制度上的不利处境得以改变，同时也能使教育机会均等的理想尽可能得以实现。

1954年，美国最高法院就堪萨斯州一件控告学区案作出裁决，裁定公立学校的种族隔离政策违反了宪法。所有公立学校都应该平衡学生的种族结构；在一些有意实行种族隔离的学校，法庭下令重新划定学区界线，要尽可能回避只收单一种族的学生。为此，联邦政府投入大量经费，让公立学校使用黄色的校车接送不同种族的学生到别的学校上课，使公立学校内学生的不同族裔均衡。最高法院认为，这种校车服务计划是解决公立学校种族歧视的一种有效办法。

1957年，美国国会通过第94-142号法案。这个法案规定联邦政府每年必须向州和地方教育机构提供拨款，保证所有缺陷儿童得到同等的教育机会。该法案不仅涉及如何确定缺陷儿童的范围与类别，而且还涉及在正规课堂上对缺陷儿童进行多大程度的教学，在特殊课堂上如何教育他们，如何培训和鉴定这些缺陷儿童的正规班教师和特殊教师，以及如何制定缺陷儿童的公民权利等事宜。

1964 年，美国联邦政府通过《经济机会法案》，为生活在低收入家庭的儿童提供教育和社会化的机会，包括提供补偿教育，让家长参与制订儿童教育计划，为儿童提供身体、心理及饮食营养等方面的综合服务，还包括帮助低收入家庭分析和发现家庭的问题，帮助他们得到应得的社会福利等社会性服务。

1967 年，美国国会修订中小学教育法，由联邦拨款给学区开办双语教育，主要是为英语程度不佳的移民学生服务。1968 年，双语教育正式在全国的中小学推行。最初双语教育规模比较小，每年的经费仅为 750 多万美元。到了 1974 年，美国国会通过《双语教育法（1974）》，更明确、具体地要求联邦政府拨款给各学区，为英语水平不高的移民学生提供特别的双语教育及相关的配套项目，协助这些学生克服语言上的障碍，使他们能得到同等的教育机会。

美国副总统艾伯特·戈尔在 1998 年 2 月公布了一项耗资 6 亿美元的改进拉美裔美国人教育的行动计划。该计划是以高标准和学校改革为基础的，在已有拨款的基础上增拨 3.93 亿美元资助少数族裔的教育（该项资助受益者的 32%是拉美裔美国人）；6600 万美元用于培训 2 万名教师，使他们能够在学校教学生英文或帮助成年人学习英文；3000 万美元用于改造辍学率高的学校；6900 万美元用于帮助劣势群体的青年在大学完成学业；6000 万美元用于改善移民青年和成年人的教育项目。

美国大学理事会和美国西部州际高等教育委员会曾在 1991 年 9 月 12 日发表一份题为《通往大学之路：从种族和族裔看教育发展》的报告。报告指出，到 1994—1995 学年，少数民族学生将占全国公立学校学生总数的三分之一。由 1985—

1986 学年占全国公立中小学在校生总数的 29%增加到 1994—1995 学年的 34%。2006 年的调查报告显示，在提供校内活动或运动俱乐部的 48.4%的中小学校中，35.0%的学校要求学生付活动费，但其中 86.1%的学校对那些交不起费用的学生免费。在 82.6%提供校际运动的初中和高中里，33.2%的学校要求学生付活动费，但其中 86.1%的学校对负担不起的学生实行免费的政策。这样看来，在受教育的机会方面，美国可以说是相对平等的。

（三）自治价值观

自治是美国人另一个伟大的政治理想，它的原则是：公民是统治权威的最终源泉，他们必须在如何被统治上拥有发言权。《独立宣言》称，“政府的正当权力乃得自被统治者的同意”。在葛底斯堡演说中，林肯大力赞美“民有、民治和民享”的政府。

美国人对自治的信念起源于美洲的殖民地时期。“旧世界”在海洋的另一端，欧洲的政府别无选择，只能允许美洲殖民地享有一定程度的自决权。这种经验让美国人产生了自治国家的梦想。这是一种理想，它甚至引起了社会底层民众的想象。在美国革命期间，普通民众愿意冒着生命危险追求自治的事业。联邦和各州的宪法基于以下的信念：政府根据人民的意志而恰当地建立。美国宪法开宗明义地提出“我们人民”这一概念。

在美国历史上，国家领导权从来都是通过投票授予的。作为获得政府权力合法手段的自由而公开的选举，在美国具有未中断的完整历史。亚历山大·汉密尔顿（Alexander Hamilton）对美国政府的基础是什么这一问题的回答是，“先生，这里是由人民统治的”。这句话被镌刻在美国国会大厦的走廊上。

在今天的美国学校体育教育中，不同的地区，学校体育的课程设置是很不相同的，其作用也不同。在美国，整个教育都由各州自己管理。由于各州有自己不同的管理方式，因此美国的各个学校差异很大。有的州有通用的体育课程大纲；有的州没有教学大纲，完全由各个学校制定教学大纲，决定体育课应该怎么上。因此，一个州的学校体育和另一个州的学校体育，无论是课程设置，还是教学方式都有很大的不同。美国的50个州，对学校体育的要求是不同的，各州自己决定每个学校应该每周上几节体育课。有的小学每周只有一次体育课，每次课只有30分钟；而有的学校每周有五次体育课，也就是每天都有一次课。一周上多少次体育课由各州自定。

美国教育这种自治特点的长处是：有利于调动地方政府的积极性，增加对教育的投入；有利于形成灵活的办学机制，推动教育的发展；有利于调动学校、教师的积极性和创造性，更加灵活有效地进行教学。弊端是：容易造成国家整体上的协调、控制、督导等规范化管理难以实施，行政能力会被削弱。例如，美国地方学区的教育经费通常来自财产税，财产税收入是公立中小学经费的主要来源，而一些贫困的学区会由于资金短缺而陷入困境。

（四）个人主义价值观

尽管自由、平等和自治是美国人的核心政治理想，但美国信条（界定美国政治文化的核心价值）还包括其他的原则。个人主义是对个人首创性、自足和物质积累的一种承诺。它与自由的理念相关，把个人当作社会的基础，并由平等理念所支撑，主张应当给予每个人通向成功的公平机会。个人主义的基础是这样的：人们如果自由地探求自己的道路，都是可以发挥其最大潜力的。

美国文化向来推崇个性化，即重视个人的成长和成就，并将这种文化特色注入他们的教育实践中。正如受因斯坦在《论教育》中写道："一个由没有个人独特性和个人志愿的个人所组成的规格统一的社会，将是一个没有发展可能的不幸的社会……学校的目标应当是培养有独立行动和独立思考能力的人。"他还说过："发展独立思考和独立判断的一般能力，应当始终放在首位，而不应当把获得专业知识放在首位。"美国在中小学的教育过程中，十分注意学生个性化的教育，因为个性化是滋生创造力的土壤，是社会发展的源泉。因此，在教学中，教师以学生为中心，将学生置于主体地位，能充分调动学生的主观能动性；学生则通过主动参与，获取知识，增长才干。美国教育界认为，学校给予学生的不仅仅是一定的知识，更重要的是培养学生自我学习、自我完善的能力；教育者的任务如果不是帮助，那就至少不要妨碍人的个性形成；学校要给予孩子基础知识，但更重要的是培养他们养成独立思考和批判、评价的能力，形成他们捍卫自己观点的本领；在信息社会的今天，学校必须让学生学会学习，培养他们独立获取知识的本领。

美国的学校在培养学生的个性时，并不限于发展他们的智力和创造力，重要的是培养学生的性格和品质。教师传授给学生的除了具体的知识和技能，还有科学地看待世界和进行思维的方法及独特的工作风格。

美国学校体育的个性化特征源自于其个人主义的价值观。美国的学校体育以学生为本，注重学生的个性发展，在培养学生创造力和个体发展上有着独到之处。在美国，学生被允许对体育课程里应包括哪些活动表达自己的意见，这个过程既能让体育教育者更好地满足学生的喜好，也能使其创造出能培养新体育兴趣的更有意义的课程（Stillwell & Willgoose，1997）。

美国的学校体育还显示出了注重学生身心发展、个体差异性的特性。丰富的课程内容使学生可以自由选择教学内容。一些州通过立法来保证学校体育的实施，如佛罗里达州设计了 38 种不同的体育课和 18 种舞蹈课供学生选修。

目前，在教学评价方面，美国健康、体育、娱乐和舞蹈联盟于 1999 年出版的中小学《终身体适能体育》教科书中指出：体育教学评价应当是过程性评价和个别评价，而不是根据测验分数进行的终结性评价。每一个学生都应在身体、情感和认知领域得到全面的发展，并掌握与健康有关的知识，形成积极的体育态度。这种评价方式重视学生发展的个体差异性，充分体现了美国社会个人主义的价值观。

这种以个体为中心的价值观反映在学校教育上就是鼓励学生提出不同的意见，包容各种形式的教育方式，同时，在教育中尊重学生的个性，使学生的独特性能得到充分发展。当然，这种个人主义也有不足之处，因为它发展到极端，个体就会出现自私、冷漠、不关心别人的情况，使得整体难以进行管理，出现难以顾全大局的局面。

（五）整合的价值观

整合的价值观也是美国信条的一部分。整合指的是美国人是一个公民整体，结成了不可分割的联盟。在这样的核心价值观下，美国的学校体育呈现出了“合作”的特征。

据 2005 年的统计[①]，在 88.2%的州中，州体育教育的工作人员和州学校食品营养工作人员会在体育教育活动上合作；在 84.3%的州中，州体育教育的工作人员会和州健康教育的工作人

① 数据来源：https://onlinelibrary.wiley.com/doi/epdf/10.1111/j.1746-1561.2007.00229.x

员合作；在82.4%的州中，州体育教育的工作人员会和州公共医疗卫生服务的工作人员合作；在50.0%的州中，州体育教育的工作人员会和州心理健康或社会服务的工作人员合作；在88.2%的州中，州体育教育的工作人员会和大专院校合作；在88.2%的州中，州体育教育的工作人员会和美国健康、体育、娱乐和舞蹈联盟合作；在84.3%的州中，州体育教育的工作人员会和学校健康委员会合作；在84.0%的州中，州体育教育的工作人员会和健康儿童协会合作；在78.0%的州中，州体育教育的工作人员会和保健组织合作；在62.7%的州中，州体育教育的工作人员会和学校护士协会合作；在60.0%的州中，州体育教育的工作人员会和政府的体能和运动委员会合作；在43.1%的州中，州体育教育的工作人员会和医生组织（如美国小儿科学会）合作；在43.1%的州中，州体育教育的工作人员会和商业组织合作；在41.2%的州中，州体育教育的工作人员会和州立公园或娱乐部门合作。

据2005年的统计[①]，在61.0%的地区中，地区体育教育的工作人员和地区级的课程管理者会在体育教育活动上合作；在54.8%的地区中，地区体育教育的工作者会和地区级的健康教育工作人员合作；在48.1%地区体育教育的工作者会的地区中，地区体育教育的工作者会和地区级的学校公共医疗卫生服务的工作人员合作；在46.0%的地区中，地区体育教育的工作者会和地区级的营养服务工作人员合作；在27.1%的地区中，地区体育教育的工作者会和地区级的心理健康和社会服务工作人员合作；在59.2%的地区中，地区体育教育的工作者会和保健组织

① 数据来源：https://onlinelibrary.wiley.com/doi/epdf/10.1111/j.1746-1561.2007.00229.x

合作；在 34.3%的地区中，地区体育教育的工作者会和当地健康部门合作；在 31.2%的地区中，地区体育教育的工作者会和当地公园与娱乐部门合作；在 29.7%的地区中，地区体育教育的工作者会和当地大专院校合作；在 24.4%的地区中，地区体育教育的工作者会和当地青年组织（如基督教青年会、男孩女孩俱乐部或童子军）合作；在 24.2%的地区中，地区体育教育的工作者会和当地医院合作；在 22.5%的地区中，地区体育教育的工作者会和当地心理健康或社会服务处合作；在 21.5%的地区中，地区体育教育的工作者会和当地商业机构合作；在 19.9%的地区中，地区体育教育的工作者会和当地健康俱乐部合作；在 16.4%的地区中，地区体育教育的工作者会和当地服务俱乐部（如扶轮社）合作。

据 2005 年的研究，在 51.5%的学校里，体育教育工作人员和健康教育工作人员会在体育教育活动上合作；在 41.9%的学校里，学校体育教育工作人员会和公共医疗卫生服务工作人员合作；在 29.9%的学校里，学校体育教育工作人员会和心理健康或社会服务工作人员合作；在 23.4%的学校里，学校体育教育工作人员会和营养或食品服务工作人员合作。学校体育教育工作人员还会和校外组织进行合作，其中合作最普遍的是保健组织（46.5%的学校）、当地公园或娱乐部门（27.8%的学校）、当地大专院校（23.4%的学校）、当地青年组织（20.6%的学校）。较少学校的体育教育工作人员会和当地商业部门（16.8%的学校）、当地健康部门（15.7%的学校）、当地健康俱乐部（12.1%的学校）、当地医院（11.3%的学校）、当地服务俱乐部（9.4%的学校）、当地心理健康或社会服务部门（9.0%的学校）合作。

除了合作之外，美国的学校体育还显示出了强大的包容性，在身体活动的硬件设备使用上也呈现出了共享的特征。

研究显示，学校允许在社区赞助的项目（如基督教青年会、公园与游艺部门、男孩女孩俱乐部）中使用学校的设备。这并不包括在校际体育运动、校内活动或身体活动俱乐部中对这些设备的使用。在学校以外或并不在学校上课期间时，在68.9%的学校中，孩子们可因参加社区赞助的体育队而有权使用学校的体育设备；在40.3%的学校中，孩子们可因“开放的体育馆”和“自由玩耍”这类项目而有权使用学校的体育设备；在33.3%的学校中，孩子们可因参加社区赞助的课程（如网球或体操）而有权使用学校的体育设备。在所有的学校中，59.6%的学校会在夜间将体育设施对孩子们开放，57.6%的学校会在课后将体育设施对孩子们开放，52.2%的学校会在周末将体育设施对孩子们开放，46.0%的学校会在放假期间将体育设施对孩子们开发，11.3%的学校会在课前将体育设施对孩子们开放。学校还会对那些参与社区赞助项目而非学校雇员的成年人提供体育运动设施的使用权利。学校工作时间之外，在47.3%的学校中，成年人可因参与社区赞助的运动队而有权使用学校的体育运动设施；在30.8%的学校中，成年人可因“开放的体育馆”这一项目而有权使用学校的体育设施；在23.2%的学校中，成年人可因参与体育课而有权使用学校的体育设施。在所有学校中，45.1%的学校将其体育设施在夜间对成年人开放，38.1%的学校在周末对成年人开放，32.8%的学校在假期对成年人开放，6.7%的学校在课前对成年人开放。在65.2%的学校中，学校所在社区的孩子或成年人有权使用学校的室外体育运动设施，而不需要参加某个特定的项目。62.0%的学校允许体育设施在夜间被使用，62.5%的学校允许体育设施在周末被使用，61.5%的学校允许体育设施在课后被使用，62.0%的学校允许体育设施在假期被使用，46.4%的学校允许体育设施在课前被使用。

在整合的价值观影响下的美国学校体育呈现出了明显的合作和共享的特征。

（六）多样性价值观

多样性价值观主张尊重个人和团体间的差异，因为这些差异本身就是一种力量源泉。美国的一位先哲曾说过，宗教自由的根基是对全体公民的平等尊重。美国革命之所以能够胜利，战胜殖民者的一个重要原因就是“国父们”克服了宗教不宽容的障碍，这有利于宪法秩序的建立，能够公平地对待人们已有的深厚的宗教信仰。尊重宗教差异性是民主的重要组成部分。另外，在对待残障人士方面，美国社会也表现出了极大的尊重和理解。

很多小学、初中和高中允许学生免修体育课一个学年或更久。小学和初中允许学生免修体育课的情况一般都是出于智力障碍、长期身体残疾或宗教等原因（表 3-6）。高中生免修体育课最常见的原因是智力障碍、长期身体残疾、参与学校活动、参与学校体育运动及宗教原因。

表 3–6　学生免修体育课原因一览表（SHPPS 2006）

免修原因	州的百分比（%）*			地区的百分比（%）†			学校的百分比（%）‡		
	小学	初中	高中	小学	初中	高中	小学	初中	高中
智力障碍	5.0	2.6	9.5	25.2	23.1	24.3	46.3	45.1	38.5
注册其他课程	–	2.6	9.5	–	9.7	7.4	–	7.9	10.8

续表

免修原因	州的百分比（%）*			地区的百分比（%）†			学校的百分比（%）‡		
	小学	初中	高中	小学	初中	高中	小学	初中	高中
获得体育竞赛高分	0.0	2.6	2.4	4.9	10.5	8.8	8.1	6.8	11.1
长期生理残疾	20.0	23.7	35.7	42.4	44.7	52.4	88.9	86.9	77.3
参加社团服务活动	0.0	0.0	0.0	4.3	7.7	4.1	10.4	5.6	6.4
参加社团体育活动	0.0	2.6	7.1	8.9	10.5	6.2	9.5	7.9	7.8
参加学校活动	2.5	7.9	14.3	10.4	19.2	18.8	10.9	14.1	20.2
参加学校体育活动	–	7.9	21.4	–	14.1	25.3	–	11.7	24.8
参加职业培训	–	2.6	4.8	–	7.9	8.0	–	4.0	9.4
宗教原因	15.0	15.8	23.8	17.0	17.7	23.9	55.0	44.7	48.1

*在 80.4%、78.4%、86.3%分别要求小学、初中、高中有体育课的州中；

†在 93.3%、89.5%、88.8%分别要求小学、初中、高中有体育课的地区中；

‡在要求有体育课的 69.3%的小学、83.9%的初中、95.2%的高中中。

在要求小学有体育课的 80.4%的州中，25.0%的州对学生免修体育课的原因做了详细的描述。最常见的原因就是长期生理残疾和宗教原因。在要求小学有体育课的 93.3% 的地区里，45.7%的地区对学生免修体育课的原因做了详细的描述，最常见的原因就是智力障碍、长期生理残疾和宗教原因。

在要求初中有体育课的 78.4%的州中，34.1%的州对学生免修体育课的原因做了详细的描述。最常见的原因就是长期生理残疾或宗教原因。在要求初中有体育课的89.5%的地区中，50.8%的地区对初中生免修体育课的原因做了详细的描述，最常见的原因是智力障碍、长期生理残疾、参与学校活动（如乐队或合唱团）、参与学校体育运动及宗教原因。

在要求高中有体育课的86.3%的州中，25.0%的州对学生免修体育课的原因做了详细的描述。最常见的原因就是长期生理残疾、参加学校活动、参加学校体育运动和宗教原因。在要求高中有体育课的88.8%的地区中，59.6%的地区对高中生免修体育课的原因做了详细的描述，最常见的原因是智力障碍、长期生理残疾、参与学校活动、参与学校体育运动及宗教原因。

在美国的学校体育教育中，体育教师通常能提供尊重不同价值取向的课程。恩尼斯（Ennis，1992）指出，“在价值取向上承认个体差异可能会使教育者为学生提供更多的选择”，而且“在价值取向上承认个体差异”也是体育教育计划中非常重要的一个因素。这样的理念使美国的学校体育呈现出了多姿多彩的局面，各种形式的课程层出不穷，为学校体育的创新提供了宽松的环境和有利的条件。

这种承认差异、尊重个性、包容多样的价值观，有利于化解社会矛盾，避免片面性和极端化，避免将不同价值观之间的差异升级为行为的冲突，形成相互尊重、彼此宽容的校园风尚。但多样性价值观也有其不利的一面，如果过于放任价值观的多样发展，可能会使现实向“无原则”的方向靠近，这是非常危险的。

二、高度发达的经济

美国是一个科技和市场经济高度发达的国家，GDP总值为11.75万亿美元（2004年），约占世界国内生产总值（40.11万亿美元）的30%；其劳动生产率、国内生产总值和对外贸易额均居世界首位，有较为完善的宏观经济调控体制。重视科研开发，每年研发经费占世界总额的三分之一。美国自然资源丰富，煤、石油、天然气、铁矿石、钾盐、磷酸盐、硫磺等矿物储量均居世界前列。其他矿物有铜、铅、钼、铀、铝矾土、金、汞、镍、碳酸钾、银、钨、锌、铝、铋等。探明煤储量35966亿吨，探明原油储量270亿桶，探明天然气储量56034亿立方米。森林面积约44亿亩，覆盖率达33%。工农业生产门类齐全，集约化程度高，经济发展水平居世界领先地位，国民经济总产值居世界首位。汽车工业和建筑业在产业中占有重要地位，是美国经济的两大支柱。近年来，在信息、生物等领域科技进步的推动下，美国的产业转型加快，劳动密集型产业进一步被淘汰或转移到国外。与此同时，信息等高科技产业发展迅速，产品更新换代日益加快，利用高科技改造传统产业也取得了进展。主要的工业产品有汽车、航空设备、计算机、电子和通信设备、钢铁、石油产品、化肥、水泥、塑料及新闻纸、机械等。2003年度全球1000强企业中，美国有487家。农业高度发达，机械化程度高，主要农产品有小麦、玉米、大豆等，均居世界领先地位，粮食总产量占世界的五分之一。美国是世界上最大的商品和服务贸易国。2005年，美国的主要出口国和地区依次为加拿大、欧盟、墨西哥、日本、中国；主要进口国和地区依次为加拿大、欧盟、日本、墨西哥、中国。同年，美国的军费开支达4162亿美元，比其他主要大国的总和还多。①

美国在 20 世纪 80 年代末 90 年代初完成了产业科技化的结构调整，经济上摆脱了长期的周期性循环，实现了高增长、低通胀和低失业，迎来了“知识经济”的时代。经济持续增长达六七年（3.8%），成为“越南战争”后最长的增长期，赤字下降，失

① 陈永明. 比较教育行政[M]. 上海：华东师范大学出版社，2005：5.

业率小于5%，通货膨胀只有2%，美国在国际经济中的领导作用得到了进一步的巩固。

1995年3月，美国白宫科技政策办公室在《美国国家关键技术报告》中写道："美国在那些被认为对国家经济繁荣或国家安全至关重要的技术领域处于优势地位……尽管我们并非在每个专项技术上都处于领先地位，但是在27个关键领域中，我们的技术能力优于或相当于世界最高水平。"[①]1995年9月，《世界经济论坛》公布的世界竞争力年度报告显示，美国是全球最具竞争力的国家。联合国2000年发表的数据显示，美国GDP总值为82303亿美元，占世界的28.73%。

1997—1998学年，全美各类教育机构（中小学校、高等院校）的教育经费支出合计为5838亿美元。1997年，美国的GDP为81109亿美元，当年教育经费支出占GDP总值的7.2%。其中，中小学校经费支出合计为3513亿美元，在总的教育经费支出中占60.2%，占GDP的4.3%。

1997年，克林顿总统提出《1997重建美国学校伙伴关系法》，计划用四年时间拨款54亿美元来协助州和地方整修旧学校及兴建新学校，并在2000年的《国情咨文》中指出，当时的美国经济欣欣向荣，正是进行各项投资的大好时机。在教育方面，克林顿要求增加30多亿美元的教育经费，进一步增加对教育培训的投资，并且增加雇用新教师和开设培训课程的经费。[②]

据2004—2006年的研究，77.6%的州和90.9%的地区都为教职员培训提供了资金支持或为体育教师提供了至少一项培训。具体来说，一半以上的州都为教职员培训提供了资金支持或为

① 朱斌. 当代美国科技[M]. 北京：社会科学文献出版社，2001：89.

② 陈永明. 教育经费的国际比较[M]. 天津：天津教育出版社，2006：132.

体育教师提供了管理或使用健康测试、评价学生表现、鼓励家庭参与体育运动、提高体育课上学生积极活动的时间、教授运动技能和概念、对有长期生理和智力障碍的学生进行体育教育、教授团体性体育运动、使用身体活动监测装置、使用计算机或摄影机等培训。

在这两个研究中，超过一半的地区为教职员培训提供了资金支持或是为体育教师提供了管理或使用健康测试、评价学生表现、长期健康状况、鼓励家庭参与体育运动、伤害预防和急救、提高体育课上学生积极活动的时间、教授单人和双人运动、教授运动技能和概念、对有长期生理和智力残疾的学生进行体育教育、教授团体性体育运动、使用身体活动监测装置等培训。

2004—2006年，20.8%的州的教育代理处为教职员培训和校际体育比赛的教练培训提供了基金，60.0%的州的另一个州级组织为教职员培训和校际体育比赛的教练培训提供了基金，72.3%的地区为教职员培训和校际体育比赛的教练培训提供了基金。

经济上的高度发达在教学环境上的体现也随处可见，美国中小学的硬件条件普遍比较好，建筑都不太高，一般不超过四层，但占地面积特别大。一幢大楼里，教室、实验室、图书馆、电脑室、办公室、餐厅、室内体育馆、学生活动室等全部囊括在内，现代化冷暖设施样样俱全。

三、多元文化环境

美国是一个由多元民族和族裔构成的国家，美国文化是一种多元的文化。当今美国人所谈到的多元文化，含义十分丰富，以下内容分别从种族和民族、性别、个体的差异性等方面进行阐述。

（一）种族和民族

种族又称作人种，是在体质形态上具有某些共同遗传特征的人群，实际上，种族指的是人们之间生物性的差异。但是，它长久以来一直被用于人类群体的划分，分析社会的差异。民族是一个复杂的概念，是指人们在一定的历史发展阶段形成的有共同语言、共同地域、共同经济生活及表现于共同的民族文化特点上的共同心理素质的稳定的共同体。它指的是一个群体中的成员是如何认识自己或被别人理解的。民族通常是由国家的起源、宗教或者也可能是种族的基本构成所限定的。

在美国建国之前，大部分美国人是原住印第安人（红番）、白种人（欧洲殖民者）、黑种人（非洲黑人），其他的则是美国建国后，从世界各地来美国淘金的人及逃避战争的人。至 2008 年，美国人口已经突破 3 亿人。由于早期对移民相对宽松，美国拥有十分多样化的种族及民族，白种人占大部分（约 2/3），而其余三分之一的少数人种多集中在沿海或都会区，拉丁洲裔（Hispanic）是一支人种分化广泛的民族，为少数民族（Ethnic）中的最多数。非裔集中在美国南部，部分在东北部及中西部，为美国少数种族（Racial）中的最多数。2006 年，美国社区调查（American Community Survey，ACS）显示，全美人口中白种美国人占 74%，其中约有 8%为拉丁裔（原文中未详述 ACS 调查及定义方式，可能以父系为主）；未混有拉丁美洲裔血统的白种美国人约占 66%。

白种人在每个区域都占多数，尤以中西部为甚，占全区人口的 82%。亚裔集中在美国西海岸，其中有 47%居住于加利福尼亚州及夏威夷等地。美国原住民也集中于西部，2000 年的人口调查发现，目前美国原住民人口约有 4100 万人，这是自 1776 年以来最高的数字，超越西部四分之三的夏威夷原住民及太平洋群岛地区的原住民数量。其他裔籍者则大部分居住于美国西部或南部。这些其他裔籍的美国人，都在 2006 年被重新归类为白种人，而这些人几乎都是拉丁裔混血，44%住在美国西部。

在种族差异方面，国家成长和健康研究的结果表明：一半以上的非洲裔美国女生有超重的危险，超过三分之一的女性在 19 岁时已经超重。国家健康和营养调查数据显示，6～11 岁和 12～19 岁的非洲裔美国女孩比白人女孩超重的可能性高 2 倍。非洲裔美国女孩比白人女孩超重的速度更快。

《体育课上超重和不超重的高中生的身体活动水平》一文研究的主要目的就是测试超重和不超重的非洲裔美国高中生和白人高中生的身体活动水平。该研究发现，在每种活动形式中，白人高中生每分钟内的步数比非洲裔高中生要多。[①] 这说明，不同种族的人群在体质和体能上有先天的差别。

在《高中生对体育课和休闲锻炼两者态度间的关系》一文中，坦尼希尔和扎克拉伊舍克（Tannehill & Zakrajsek，1993）指出，各种族高中生喜欢体育课的原因：盎格鲁血统的美国学生和亚裔美国学生表示在体育课上"成为朋友"很重要，但是，西班牙裔的美国学生则认为在体育课上"变得更健康"更为重要。80%以上的亚裔美国学生喜欢团体性运动。西班牙裔的美国学生（66%）比其他种族的学生更重视体育教育。所有种族的美国学生都将健康和团体性运动视为最重要的活动。社会和文化差异会反映在学生的努力、行为、态度、运动精神和团队精神之中。

① Hannon J C. Physical Activity Levels of Overweight and NonoverweightHigh School Students during Physical Education Classes[J]. Journal of School Health, 2008, 78（8）：425-431.

不同种族的学生在活动兴趣上也显示出了不同的倾向。据报道，亚裔的美国学生喜欢排球、不喜欢高尔夫，非洲裔的美国学生喜欢篮球（Tannehill & Zakrajsek，1993）。非洲裔的美国学生在选课的时候，一般都不选有氧运动课，因为他们不愿意选择音乐（Chepyator Thomson，1990）。农村的白人和非洲裔的初中生都将游泳作为最受欢迎的活动，白人学生会将保龄球作为他们的第二选择活动，非洲裔的美国学生则会将田径作为他们的第二选择活动（Fleming，Mitchell，Coleman & Gorecki，1997）。这种活动兴趣上的差异对“以兴趣为中心”的美国学校体育产生了巨大的影响，也使美国的学校体育呈现出了多样化的特征。

民族差异能帮助学生在学习过程中认识和理解文化和社会问题。一项多文化研究（Tannehill & Zakrajsek，1993）发现，体育教育中的民族差异包括爱好体育教育、喜爱的体育运动和价值观。

不同种族的人群在体质和体能上有先天的差别，而不同种族和民族的人群由于各自文化的差异在兴趣、努力、行为、态度等方面也存在非常显著的差异，而这种种族和民族的差异对美国学校体育的现状有着巨大的影响力。

（二）性别

性别会影响一个人的思想、感情和行为方式，性别的不同会带来很多的差异。性别问题是决定青年身体活动的一个重要因素（Sallis & Owen，1999）。如果教师能理解好性别差异，那么教学法和教学内容会更容易适应学生的个体需求。

《体育课上超重和不超重的高中生的身体活动水平》一文发现，男生在每种活动形式中每分钟的步数比女生要多。男女生体育活动的结果并不令人吃惊，和之前对体育课上身体活动的研究数据，特别是团体性体育运动结果相似。库林纳（Kulinna）等人在用心率监控器测量身体活动时发现，在高中的团体性体育运动中，男生比女生积极。此前的研究还发现了性别在活动偏好上的差异，男生更喜欢团体性体育项目，而女生更喜欢个人项目。

在对体育教育的态度上也存在着性别差异。女性（非运动员）更倾向于将社交、健康、审美作为参与身体活动的最重要的原因。男性（非运动员）则看重审美、追求刺激和心理宣泄这几个方面。男女体育教育者都认为身体活动对健康是非常有意义的（Blair，1984），但是更多的女性认为身体活动就是一种社交经验。男生看重技能发展和竞争，女生则看重健康状况和社交结果（Kisabeth，1986）。女性认为身体活动中的健康和审美收益更有价值，男性则认为社交收益更有价值。斯莫尔和舒茨（Smoll & Schutz，1980）发现，男生对挑战性的体育运动态度更为积极，而女生对带社交性的体育运动更为积极。通常来说，男生比女生对体育运动更为积极一些。坦尼希尔等（Tannehill，et al.，1994）指出，男生更频繁地提到他们喜欢体育课是因为他们认为自己在体育课上表现不错。帕克（Park，1995）发现，对体育教育的整体态度有很明显的性别差异，男生在所有的态度测量中都比女生更为积极。莫瓦特等人（Mowatt，et al.，1988）发现，当男生在考虑身体活动是否能代表生活质量时，他们的态度比女生更为积极。

有研究进一步表明了不同性别的人对活动的兴趣不同。有报告指出（Kovar，1996），男生不喜欢单人或舞蹈活动是因为这些活动看起来非常女性化，女生不喜欢团体性运动（太激烈）、游泳（会弄乱头发和妆容）和体操（做不好）。该研究还在对体育教育和业余锻炼的态度上发现显著的性别差异。一些研究

（Carlson，1994；Park，1995；Rice，1988；Silverman & Subramaniam，1999；Smoll，et al.，1976；Smoll & Schutz，1980；Tannehill，et al.，1994）也给出了相似的结论，如男生对体育教育和业余锻炼的态度比女生得分更高。莫瓦特（Mowatt，1988）等人也给出了相似的结论。

对体育教育者来说，这个结论为体育教育课程制定者提供了注意学生性别和文化背景差异的建议（Tannehill & Zakrajsek，1993；Valdez，1997）。体育教育应该考虑到所有学生，教学方法和评价方法也应该考虑到性别和文化背景的差异。①

表 3–7 至表 3–9 为一项对初中男、女生在活动偏好上的详细调查数据，它充分体现了男、女生的活动偏好。

表 3–7　整体活动偏好表（*n*=751）

运动项目	兴趣强烈（人）	不定的（人）	兴趣很小（人）
射箭	206（27.4%）	250（33.3%）	295（39.3%）
羽毛球	82（10.9%）	304（40.5%）	365（48.6%）
篮球	505（67.1%）	112（14.9%）	135（18.0%）
自行车	385（51.3%）	204（27.2%）	161（21.4%）
保龄球	294（39.1%）	231（30.8%）	225（30.0%）
腰旗橄榄球	203（27.0%）	252（33.6%）	296（39.4%）
民间舞	37（4.9%）	239（31.8%）	475（63.2%）
高尔夫	181（24.2%）	277（36.9%）	293（39.0%）
体操	198（26.4%）	234（31.2%）	319（42.5%）

① Chung M H，Phillips D A. The Relationship between Attitude toward Physical Education and Leisure-Time Exercise in High School Students.[J]. Physical Educator，2002，59（3）：126-138.

续表

运动项目	兴趣强烈（人）	不定的（人）	兴趣很小（人）
溜冰	422（56.2%）	171（22.8%）	157（20.9%）
推圆盘游戏	61（8.1%）	320（42.6%）	370（49.3%）
足球	373（49.7%）	193（25.7%）	185（24.6%）
垒球	288（38.3%）	216（28.8%）	247（32.9%）
方块舞	45（6.0%）	247（32.9%）	459（61.1%）
游泳	505（67.2%）	159（21.2%）	87（11.6%）
乒乓球	243（32.4%）	271（36.1%）	237（31.6%）
网球	267（35.6%）	254（33.8%）	230（30.6%）
田径	238（31.7%）	269（35.8%）	244（32.5%）
排球	303（40.3%）	230（130.6%）	218（29.0%）
举重训练	173（23.0%）	276（136.8%）	302（40.2%）
摔跤	231（30.8%）	205（127.3%）	315（41.9%）

表 3–8　男生活动偏好表（*n*=388）

运动	兴趣强烈（人）	不定的（人）	兴趣很小（人）
射箭	163（42.0%）	121（31.2%）	104（26.8%）
羽毛球	31（8.0%）	153（39.4%）	204（52.6%）
篮球	267（68.8%）	53（13.7%）	68（17.5%）
自行车	199（51.3%）	109（28.1%）	79（20.4%）
保龄球	167（43.0%）	119（30.7%）	102（26.3%）
腰旗橄榄球	146（37.6%）	118（30.4%）	124（32.0%）
民间舞	11（2.8%）	122（31.4%）	255（65.7%）

续表

运动	兴趣强烈（人）	不定的（人）	兴趣很小（人）
高尔夫	123（31.7%）	137（35.3%）	128（33.0%）
体操	36（9.3%）	133（34.3%）	219（56.4%）
溜冰	187（48.2%）	102（26.3%）	99（25.5%）
推圆盘游戏	38（9.8%）	165（42.5%）	185（47.7%）
足球	174（44.8%）	106（27.3%）	108（27.8%）
垒球	81（20.9%）	136（35.1%）	171（44.1%）
方块舞	14（3.6%）	133（34.3%）	241（62.1%）
游泳	224（57.7%）	107（27.6%）	57（14.7%）
乒乓球	131（33.8%）	145（37.4%）	112（28.9%）
网球	115（29.6%）	146（37.6%）	127（32.7%）
田径	122（31.4%）	146（37.6%）	120（30.9%）
排球	71（18.3%）	157（40.5%）	160（41.2%）
举重训练	125（32.2%）	149（38.4%）	114（29.4%）
摔跤	184（47.4%）	108（27.8%）	96（24.7%）

表 3-9　女生活动偏好表（*n*=363）

运动项目	兴趣强烈（人）	不定的（人）	兴趣很小（人）
射箭	43（11.8%）	129（35.5%）	191（52.6%）
羽毛球	51（14.0%）	151（41.6%）	161（44.4%）
篮球	237（65.3%）	59（16.3%）	67（18.5%）
自行车	186（51.2%）	95（26.2%）	82（22.6%）
保龄球	127（35.0%）	112（30.9%）	123（33.9%）

续表

运动项目	兴趣强烈（人）	不定的（人）	兴趣很小（人）
腰旗橄榄球	57（15.7%）	134（36.9%）	172（47.4%）
高尔夫	58（16.0%）	140（38.6%）	165（45.5%）
体操	162（44.6%）	101（27.8%）	100（27.5%）
溜冰	235（64.7%）	69（19.0%）	58（16.0%）
推圆盘游戏	23（3.2%）	155（42.7%）	185（51.0%）
足球	199（54.8%）	87（24.0%）	77（21.2%）
垒球	207（57.0%）	80（22.0%）	76（20.9%）
方块舞	31（8.5%）	114（31.4%）	218（60.1%）
游泳	281（77.4%）	52（14.3%）	30（8.3%）
乒乓球	112（30.9%）	126（34.7%）	125（34.4%）
网球	152（41.9%）	108（29.8%）	103（28.4%）
田径	116（32.0%）	123（33.9%）	124（34.2%）
排球	232（63.9%）	73（20.1%）	58（16.0%）
举重训练	48（13.2%）	127（35.0%）	188（51.8%）
摔跤	47（12.9%）	97（26.7%）	219（60.3%）

从以上3项关于“初中生的体育活动偏好”的详细数据可以看出，初中男生和女生各自喜爱的体育运动并不相同。男女生共同感兴趣的项目有篮球、自行车、溜冰、足球和游泳。[①] 除共同感兴趣的项目外，男生喜欢的项目有摔跤、保龄球和射箭，女生

① Greenwood M, Stillwell J, Byars A. Activity Preferences of Middle School Physical Education Students.[J]. Physical Educator，2000，58（1）：26-29.

喜欢的项目有体操、垒球、网球和排球。这些数据充分说明男、女生无论是在体质、体能水平上，还是在运动态度、运动兴趣和运动偏好上都有着非常明显的差异。教育者既要看到性别不同所形成的差异，又不能对性别差异的表现形成思维定式，更重要的是，要理解性别差异形成的生理和社会机制，这样才能通过性别差异更好地教育学生。

（三）个体的差异性

德国哲学家莱布尼茨说过：“世界上没有两片完全相同的树叶。”正因为没有两片完全相同的树叶，世界才变得如此精彩。像世界上的万物都存在差异性一样，学生群体由于先天的素质和后天所处的文化环境、家庭背景等的不同，也存在着很多的差异性。美国哈佛大学的心理学家霍华德·加德纳（Howard Gardner）教授提出的多元智力理论启示我们：学生与生俱来就存在个体的差异，这种差异性必然会导致学生学习效率和学习效果的高低优劣，而且这种差异也可能使学生形成学习习惯和学习方式的不同。

研究显示，即使是同一种族和民族的学生，他们之间也会有很多的不同之处。科思伦和恩尼斯（Cothran & Ennis，1997 & 1998）就学生最看重体育教育中的几个方面进行了调查，发现学生观点的差异很大。调查者从学生的角度确定了五个价值模式，这五个价值模式包括一起玩耍的朋友、技能熟练的竞争者、友好的学习者、合作的学习者和社交对比的学习者。一起玩耍的朋友看重课程能让自己和朋友联系起来并能交谈；技能熟练的竞争者看重技能的发展和打比赛；友好的学习者看重和他人交朋友并希望身边都是异性朋友；合作的学习者看重得到一个好成绩，与人和谐相处，以及学习正确的行为方式；社交对比的学习者看重得到一个好成绩，如何与人进行对比，了解班里其他人和自己的相同和不同之处。学生在体育教育中看重什么是非常不同的。

按照这些发现，教师应修改教学风格以适应学生的需求。例如，体育教师和学生在一个学期里可以选择五项活动（每个活动持续三个星期），每个活动都是为了加强“某个价值”（一起玩耍的朋友、技能熟练的竞争者、友好的学习者和合作的学习者）。课堂结构和学生互动将被用来支持“某个价值”，教授室内曲棍球可能被用来支持“技能熟练的竞争者”这个价值，而保龄球可能被用来支持“一起玩耍的朋友”这个价值。

在卡特等人（Carter，Lee & Xiang，1995）的研究中，高运动水平的学生认为努力、兴趣和技能是体育教育中成功的决定性因素。低运动水平的学生容易指责他人的成功和自己的失败。《体育课鼓励学生积极运动吗？9 年级学生在最后一学期体育课上的经验》（Portman & Penelope A，2003）一文指出，低运动水平的学生认为自身在体课活动上缺乏兴趣、技能不高，并会将这些归因于运气不好。这些结论与波特曼（Portman，1995 a，b）和瓦林. 杜达（Walling & Duda，1995）的结论非常相似。这些研究表明，为了应付体育课，低运动水平的 9 年级学生会决定在未来一段时间内不参加定期的剧烈身体活动，而卡尔森（Carlson，1995）、波特曼（Portman，1995a，b），以及赫普勒和格雷厄姆（Hopple & Graham，1995）的研究也表明一些人会将不参加体育运动作为一种策略。

研究中，学生给出的提高体育教育的一个建议是对不同技能水平的学生进行分组。这种分组方式对高水平学生和低水平的男生非常重要。研究显示，高水平的女生希望和高水平的男生一起运动，或至少和自己运动水平相似的搭档一起运动，和比自己水平低的搭档分在一个组会让水平高的学生觉得体育课非常乏味。低运动水平的男生支持男女混合的体育教育，因为和女生一起运动比仅仅和男生一起运动能使他们感觉安全（少受批评）。只有低运动水平的女生喜欢男女分组，这些女生认为，所有的男生特别是中等运动水平的男生喜欢指责她们。特雷纳（Treanor）、格雷伯（Graber）、豪斯纳（Housner）和魏甘德（Weigand）的研究（1998）里就有对体育课男女分组的研究，他们在让学生们参加了男女混合和男女分组的体育课后，对446名初中生进行了问卷调查，大多数学生表示喜欢男女分组的体育课。

在桑德斯和格雷厄姆（Sanders & Graham，1995）的研究里，9年级学生对自己喜欢什么、不喜欢什么有非常明确的观点，他们的喜好可能在幼儿园时期就已经形成了。高运动水平的学生喜欢学习新技能，进一步掌握已经学到的技能，或者和与他们水平相当的人进行比赛。低运动水平的学生希望解除当前的团体和个人比赛计划，喜欢掌握基本运动技能或非竞争性的运动。

学生的第二个建议是允许他们自己选择搭档或团队，这样他们可以和朋友一起运动。对学生来说，朋友是非常重要的运动激发因素，他们通常是同一性别和相同运动水平的人。高运动水平的学生与朋友的竞争力和技能水平基本相同，他们会相互挑战并争取胜出。低运动水平的学生的朋友则会在他们面对失败时给予支持和鼓励。对这两种运动水平的学生来说，朋友都是他们在班级里联系的非常安全的人物（Aicinena，1991；Carlson，1995）。

研究还显示，当前的运动员学生计划在他们完成体育教育后，也仍然保持积极的身体活动。那些非运动员的高水平学生觉得体育课没有挑战性，也就不会去做更多的课外运动计划。低运动水平学生的体育课经验似乎阻止了他们在完成体育教育后参加任何有组织的身体活动，这些学生表示自己在课堂上很少能取得成功，并会因犯错而经常受到批评。

这种个体间的多项差异成了影响美国学校体育的因素之一。作为组织者、引导者、合作者的教师不仅要承认学生的差异，适应学生的差异，而且更重要的是要尊重差异，合理运用差异，把差异作为一种资源来开发，使不同的学生能在原有的基础上得到不同的发展。在具体教学实施过程中，教师一般通过个别教学、合作学习、辅助教具、改变学习目标等途径对学生进行针对个体差异性的教学。

四、教育改革浪潮

20世纪70年代以来，美国教育特别是普通教育远远不能适应科技革命和社会经济发展的需要。针对美国学校教育质量下降和美国公众普遍对学校教育的失误表示不满的状况，1981年8月26日，美国联邦政府教育部长贝尔（Bell）任命成立了一个由18位专家学者组成的国家教育优异委员会（The National Commission on Excellence in Education）。该委员会的主要职责是：调查美国学校教育的质量，对各级学校的教育质量进行评估；对美国的学校教育与其他先进国家的学校教育进行比较；对中学生的成绩与大学生入学标准的关系进行研究；对社会和教育变革与学生成绩的关系进行评估；对成功地达到教育优异所遇到的困难进行确定。

国家教育优异委员会经过18个月的调查研究，于1983年4月发表了题为《国家处在危机之中：教育改革势在必行》的报告。这份报告以令人震惊的文字向美国公众发出紧急呼吁：“我们的国家正处在危机之中。我们一度在商业、工业、科学和技术上的创造发明无异议地处于领先地位，现正在被世界各国的竞争者赶超……当我们完全有理由为我们的大中小学在过去历史上取得的成就和为美国及其人民的福利作出的贡献而感到骄傲，但我国社会的教育基础目前正被一股日益增长的平庸潮流所侵蚀，这股潮流威胁着我们国家和人民的未来。上一代人难以想象的情况已开始出现——其他一些国家正在赶超我们的教育成就。”

《国家处在危机之中：教育改革势在必行》这份报告具体列举了美国学校教育质量下降的标志。例如，在国际竞赛中，学生的成绩不尽如人意，在 19 项学业考试成绩评比中，美国学生有 7 项获倒数第一；17 岁的美国青年中，约有 13%可以说是半文盲（文化程度不足以履行自己的职能），少数民族中半文盲的青年可高达 40%；在大多数标准化考试中，中学生的平均成绩低于 26 年前苏联发射卫星时美国中学生的水平；在 1980 年大学入学考试委员会的学术能力评估测试（Scholastic Aptitude Test，SAT）中，学生的语言平均分数比 1963 年下降了 50 分，数学平均分数下降了 40 分；最简单的日常阅读、书写和理解测验也显示，约有 2300 万美国成人是半文盲。这些危机的表现，正如教育研究员保罗·赫德（Paul Hurd）所说：“在当代科学革命的条件下，我们正在培养一代科学和技术文盲的美国人。”另一位分析家保罗·科珀曼（Paul Copperman）则得出了一个令人深思的结论：“美国以往各代，在教育、文化和经济上的成就都能超过上一代。一代人的教育水平不能超过或与父辈相提并论，甚至还达不到父辈的水平，这在我国历史上还是第一次。”[①]该报告指出，必须把教育放在直接影响美国国家地位高低、国际竞争成败的高度来考虑，形成全社会的共识，各界参与和支持教育事业，对教育体

① 国家教育发展与政策研究中心. 发达国家教育改革的动向和趋势[M]. 北京：人民教育出版社，1986：58.

制进行根本性改革，即“重建学习体系”和“全面提高教育质量”。

这份报告拉开了美国教育改革运动的序幕。1985 年，美国教师教育评价委员会（National Council for the Accreditation of Teacher Education，NCATE）开始邀请各学科的专业协会对教育进行评价，制定改革方案。美国健康、体育、娱乐和舞蹈联盟（AAHPERD）指定美国国家体育和运动协会（NASPE）作为代表，对学校体育进行研究和评估。1986 年，美国国家体育和运动协会组建的结果委员会回答了“学生应该知道及能够做什么”的问题。经过 6 年研究，1992 年，结果委员会提出“受过体育教育者”的著名定义，并出版了《精致体育课程结果》，为美国国家和各州体育标准的制定提供了方向和参考依据。

随着结果委员会工作的结束，美国国家体育和运动协会成立了一个标准与评估小组。他们的任务是根据先前的研究结果，确定内容标准和评价准则。标准与评估小组在《精致体育课程结果》的基础上，进一步研究确定了学校体育的课程标准，并于 1995 年颁布了《国家体育标准》。颁布这个标准的目的是为学校体育教育计划建立一个内容标准，这个标准能够清楚地表明一个高质量的体育教育计划是学生应该知道什么和有能力做些什么；同时它也提供了教师对内容标准进行评价的指导方针。

美国的体育学者和专家根据体育课程对学生发展的学科价值，制定了七个方面的学习领域目标，具体如下。

目标一：表现出多种运动方式的能力并熟练掌握某些运动技能。

目标二：能够将运动的概念和原则应用于学习和运动技能的发展。

目标三：表现出积极参与体育活动的生活方式。

目标四：达到并保持有助于增进健康的身体素质水平。

目标五：能够在体育活动场合表现出负责任的个人和社会行为。

目标六：能够在体育活动场合理解和尊重人与人之间的差异。

目标七：能够充分理解体育活动的社会意义——给人们提供快乐、挑战、自我表达及社会交往的机会。

这个标准用于考察学生对参与体育活动所产生的内在价值和有益之处的认识，这种价值或益处具有重要的个人意义。体育活动具有“自我表达”和“社会交往”的功能，且人们在其中能感受到享受性、挑战性和趣味性。这些功能促使人们不断地参加体育运动。

经过十年实践，美国国家体育和运动协会在总结美国各地体育课程实践的基础上，于 2005 年对体育课程标准进行了二次修订，力求使美国《国家体育标准》更加完善。美国《国家体育标准》修订委员会力图保持原有标准的真实性，与此同时，他们还致力于在标准的执行过程中与自身相关问题的研究。在这个版本的标准中，美国国家体育和运动协会增加了对身体上受过良好教育的人的清晰界定，即用一生的时间享受健康的体育活动，这也使美国的学校体育中呈现出了显著的“终身化”的特征。2005 年版美国《国家体育标准》的六条标准具体内容如下。

标准一：展示多种运动技能和运动形式，以适应进行各种体育活动的需要。

标准二：展示对于运动的概念、原则、战术和策略的理解，从而使其应用于体育活动的学习和演示。

标准三：定期地参加体育活动。

标准四：达到并保持一种不断增进健康的体育健身水平。

标准五：展现有责任感的个人和社会行为，在体育运动过程中尊重自我和他人。

标准六：评价体育运动对于健康、快乐、挑战、自我表现和/或社会相互作用的价值。

由于美国的教育是地方分权管理制度，各州有自己的课程标准，所以，一直以来体育课程目标各不相同。但是，自从美国《国家体育标准》推出以来，它所提出的体育目标在全国范围内正逐步被认可和接纳。

2006年的调查显示，大部分（70.5%）的州规定地区或学校必须遵守国家或州的体育标准。有11.8%的州鼓励地区或学校遵守国家或州的体育标准。76.0%的州要求或鼓励地区或学校遵守在国家体育标准基础上的体育标准。为了使地区或学校依从国家或州的标准，要求或鼓励使用标准的42个州里，有76.2%的州会对体育教师进行教职员培训。

地区会更加要求学校遵守体育标准。在全国范围内，81.4%的地区规定学校要遵守国家、州或地区的体育教育标准。有2.4%的地区鼓励学校遵守国家、州或地区体育教育标准。在所有地区中，55.1%的地区要求或鼓励学校遵守基于国家体育标准的体育教育标准。为了使学校更依从于国家、州和地区的体育教育标准，要求或鼓励学校遵守标准的83.8%的地区中，88.7%的地区会使用教师评价或课堂监控，79.8%的地区会对体育教师进行教职员培训，73.9%的地区会通过教师来指导教师，并且51.4%的地区会用学校的书面报告来证明它遵守了标准或指导方针。

大部分学校（88.2%）都会遵守国家、州或地区的体育标准。大约65.1%的学校在体育教育上使用国家标准。在所有的学校中，四分之三或更多的学校都有和国家体育标准一致的目标和期望达到的成果。

五、大众生活方式

近年来，快餐行业和视频技术的发展使得美国儿童的体重不断地增加。快餐和饮料公司每年会花费上亿美元的资金来提升食品和饮料的热量。美国一家非营利机构公布的调查结果显示，美国主要连锁快餐店提供的各类儿童餐中，93% 以上热量都超标。儿童进食大量的快餐，摄取过高的热量，是造成肥胖的原因之一。电视和电玩游戏也是造成肥胖的元凶，费城儿童医院的专家沃罗特尼亚克说："电玩与儿童肥胖症关系密切。这不仅仅因为打电玩需要儿童长时间坐在椅子上不活动，还因为参加电玩游戏的孩子大多数吃饭都没有规律。"美国得克萨斯大学的教授范德沃（Vandervort）说："电玩游戏确实剥夺了儿童从事其他体育活动的时间和机会。"研究人员对 709 名年龄在 7～12 岁的儿童进行了跟踪调查，让他们戴上计步器，并分析他们每天看电视和玩电子游戏的时间。结果发现，接受调查的男孩平均每人每天花在看电视和玩电子游戏上的时间为 4.5 小时，女孩平均为 3.1 小时。调查还表明，在接受调查的儿童中，仅有 12%的男孩和 16%的女孩能达到美国儿科学会的要求，既能保持一定的运动量又能控制看电视的时间，这些男孩和女孩体重超重的比例分别为 10%和 20%。那些运动量不足且看电视时间过多的男孩和女孩，其体重超重的比例分别高达 35%～40%。[①]

2001 年，美国疾病控制和预防中心的报告显示，6～11 岁的

① Laurson K R，Eisenmann J C，Welk G J，et.al. Combined Influence of Physical Activity and Screen Time Recommendations on Childhood Overweight[J]. Journal of Pediatrics. 2008，153（2）：209-214.

儿童肥胖率是 1980—2000 年儿童肥胖率的两倍以上，同期青少年的肥胖率更是超过了三倍以上。美国医药协会杂志（The Journal of the American Medical Association，JAMA）的研究表明，不合理的饮食习惯和身体运动的缺乏将最可能是未来几年里人们的死亡原因。它的研究还指出，在各个州，各种性别、年龄、种族和社会经济群体里，肥胖率都在增长。2003—2004 年的数据显示，17.1%的儿童和青少年被认为超重。从 1999—2000 学年到 2003—2004 学年，超重的趋势越来越明显，并且已成为一个突出的焦点。女性青少年超重的比例从 13.8%上升到 16.6%，男性青少年超重的比例从 14.0%上升到 18.2%。

今天，美国体育教育的一个目的就是减少青少年的肥胖问题。美国食品和药品管理局（US Food and Drug Administration，USFDA）在 2002 年的报告中指出："我们现在的环境使得这些情况（肥胖和超重）以令人担忧的速度增长，这成了我们国家一个正在成长的健康问题。"这项报告建议各个年级的学生参加"每日的、有质量的体育课"。肥胖会引起许多健康问题，如糖尿病、高血压等。正规的体育教育应该把这些致命的问题归因于体适能水平和个人健康质量的关系，体育教育为学生提供了"更多抵抗肥胖、学业上表现更好、成长为健康成年人的机会"（Sherman，Collins & Donnelly，2007）。

美国饮食大纲建议 6～19 岁的人在每周的大部分天数里每天参加至少 60 分钟中等强度的身体活动。每个学生被建议的活动量由以学校为基础的身体活动计划提供。预防儿童肥胖医药协会的平衡健康报告指出，学生在校期间每天应有至少 30 分钟的身体活动。1997 年，美国疾病预防控制中心发布了对学校和社区在年轻人中提高重视体育的调查大纲。大纲列出了在校期间促进学生身体活动的方法，即通过有质量的、每天的体育课和其他身体活动，如休息时间、校内活动和校际体育运动等来促进学生进行身体活动。

第七节 美国学校体育现存的问题

一、体育教育在学校教育中不受重视

美国由于地方分权制的特点，联邦政府无法对全国的体育教育进行统一具体的规定和管理。这就使得州和地区之间体育教育情况的差别很大。到今天，仍然有部分州和地区在学校教育中不设体育课。虽然美国的学校体育表面看来一片繁荣，但总体来说，学校教育中仍然存在着重智育轻体育的现象，体育教育相对于其他科目而言，地位很低，不受重视。在美国的升学制度中，体育在学生升学考试中占的分值很少。

2006 年，在全美范围内，只有 36%的州和 75.8%的地区对小学体育教育进行了时间要求（如每星期的分钟数、每季度的小时数、每年的小时数）。另外，31.4%的州和 24.5%的地区规定了小学体育教育中学生和教师的最大比例。

初中的情况也不好，只有 37.3%的州和 76.0%的地区对初中体育教育做出了时间要求（如每周的分钟数、每季度的小时数、每年的小时数）。另外，有 31.4%的州和 26.0%的地区对初中体育教育中学生和教师的最大比例做了限制。

在全国范围内，只有 58%的州和 81.0%的地区对高中体育教育做出了时间要求（如每星期的分钟数、每季度的小时数、每年的小时数）。另外，有 31.4%的州和 31.1%的地区对高中体育课上学生和教师的最大比例做了规定。

从学校层面来说，有 78.3%的学校要求学生上体育课。具体来说，只有 69.3%的小学、83.9%的初中、95.2%的高中要求学生必须上体育课，否则不能升级或毕业。15.6%的学校（8.6%的小学、13.3%的初中、38.8%的高中）设置有体育课，但并没有对各年级做特定的要求。大概只有一半有幼儿园的学校要求在幼儿园阶段开设体育课（表 3-10），1—9 年级要求有体育课的学校比例大概相同，但在 10—12 年级里要求有体育课的学校的比例明显较低。

表 3-10 要求各年级有体育课的学校情况一览表（SHPPS 2006）

年级	学校的百分比（%）
幼儿园	49.7
1 年级	57.2
2 年级	57.7
3 年级	58.0
4 年级	58.2
5 年级	61.1
6 年级	68.1
7 年级	67.1
8 年级	65.5
9 年级	55.3
10 年级	33.2
11 年级	20.2
12 年级	20.4

在 78.3%的有体育课的学校里，只有 36.0%的学校规定了体育课上最大限度的学生和教师的比例，这些学校中最大比例的是每 29.6 个学生配备一个教师。

日常所指的体育课在小学阶段一般是指每学年 36 周，每周

150 分钟的体育课，在初中和高中阶段则是每周 225 分钟。很少有学校能每天提供体育课或所有年级在整个学年里每天都有体育课；只有 3.8%的小学、7.9%的初中、2.1%的高中能每天提供体育课或者所有年级在整个学年里每天都有体育课；只有 4.7%的小学（幼儿园除外）、14.5%的初中、6.6%的高中能每天提供体育课或者所有年级在至少 18 周里（半个学年）每天都有体育课；只有 13.7%的小学（幼儿园除外）、15.2%的初中、3.0%的高中能提供每周至少 3 天的体育课或者所有年级在整个学年里每周至少 3 天的体育课；只有 17.1%的小学（幼儿园除外）、24.7%的初中、8.6%的高中能提供每周至少 3 天有体育课或者所有年级在至少半个学年里每周至少 3 天有体育课。

以上数据都显示出体育课在学校教育中并未受到足够重视，就像艺术经常从系统预算中消除一样，当预算有限或不足时，体育也经常是第一个被考虑从学校里清除的对象。此外，因为州政府要求学生必须拿到体育学分才能毕业，但通常资金支持很少，所以许多学区坚持体育课容纳大量学生，即使这会使体育课的质量大打折扣。

二、合格体育师资力量的缺乏

在美国，由于教师作为职业的专业性还没有被社会广泛承认，教师的专门知识、专业技能也没有得到明显体现，加之教师的工资待遇远远低于律师、医生等专业人员的水平，使得教师作为一种职业的吸引力降低，很难吸引优秀人才从事教师工作。美国对教师学历的要求与其他行业相比，只高不低。在美国，要做中小学教师至少要获得学士学位，而要获得长期教师证书，还必须拥有硕士以上的学位。教师这个职业对学历的要求高，但收入与其他行业相比相距甚远。在美国，排除地区之间的差异，一般中小学教师的平均起薪为2万～3万美元。但是具有相等学历，从事医生、律师、商业、金融、电脑工程师等职业的人，起薪却是4万～5万美元，甚至更高。教师不仅起薪低，随着年资的增长，和其他职业者的工资差距还会越来越大。据统计，1994—1998年，具有硕士学位的非教师平均工资增加了17505美元，而同等学历的教师平均工资增加不足200美元。1998年，具有学士学位的年轻教师与同等学历的非教师的年收入差是8192美元；年龄在44～50岁的具有硕士学位的教师的年收入是43313美元，非教师的年收入是75824美元。全美教师联合会主席桑德拉·费尔德曼（Sandra Feldman）曾说："工资低是使人远离中小学教师队伍的重要原因。"

在2001年，有22.14万公立学校的教师离开了教师行业，占到了总人数的7.4%。在决定离开教学行业的原因中，20%的教师表示是为了谋求更好的职业从而获得更好的薪水和待遇[①]。

体育教师的情况更是雪上加霜。他们必须在各种运动的规则、历史和技能技巧方面有足够的知识，懂得如何管理学生和班级，知道如何备课和评价课程，能在各种活动中适当地加强学生的运动技能。另外，大多数体育教师，特别是那些中学里的体育教师，都需要担当一或两项运动的教练。这使得他们需要有体育的专业技术、技能知识，懂得如何使队员的技术更加完善，懂得如何管理队伍的方方面面，如指导父母/志愿者、比赛指导、活动预算，知道政府在体育运动上的政策等。加之体育教育在学校教育中不被重视，地位低下，使得越来越少的人愿意从事体育教师这项工作。

美国国家教育统计中心的数据显示，美国学校2006年招生

① 胡庆芳. 美国教育360度[M]. 北京：教育科学出版社，2007：79.

数量为 5460 万人，比 1994 年增长 10%，而师资队伍需增加 32.5 万～60 万人，才能应对这一入学人数的增长。学生数量如此猛增的原因是自 1977 年以来每年出生人口数的不断升高，即所谓的婴儿激增效应。

在入学人数增长的地区，学校面临着教师短缺的困境，这些学校在聘用合格的教师方面会遇到困难，以至于不得不聘用欠合格的教师和代课教师来补缺。1993—1994 年，只有 57%的教师在兼职的学科方面是合格的，40%的教师在兼教的学科方面没有合格证书。

到 2006 年，在全国范围内的所有初中之中，12.8%的学校由别的科目（比如自然学科或社会学科）的教师教授体育课，2.9%的学校由其他个人教授。在所有高中之中，13.7%的学校由其他科目（比如自然学科或社会学科）的教师教授体育课，4.4%的学校由其他个人教授。

三、学校体育课的低参与率

体育教育计划因为学生注册的高百分比被认为是一种促进与健康有关的身体活动的理想的选择（Chase，2000；Iverson，Fielding，Crow & Christenson，1985；Sallis，1987；Sallis & McKenzie，1990；McKenzie & Sallis，1996），然而，研究报告显示，学生体育课的日常参与在 1991—1995 年从 42%下降到 25%（U.S. DHHS，1996）。有证据显示，高中体育课上的学生通常在许多课上都不能完全参与（LaMaster & Lacy，1993），也不会花大量的时间来聆听、等待及组织（Metzler，1989；Siedentop，1991；Silverman，1991）。如果学生不能完全参与所有课程，就不可能达到项目的目标。体育教育者需要采取措施改变这种情况（Locke，1992；Siedentop，1992）。

很多美国学校体育方面的专家对目前小学体育教育的现状表示担忧。尽管美国 1—6 年级小学生中的 97%都接受了正规的学校体育教育，但从具体的统计资料来看，每天参与学校体育教育的只有 36%的儿童，包括体育课和课外体育活动。几位研究者用心率监控装置对小学生进行了全天监控，发现 6～12 岁的儿童每天只有 10～35 分钟的时间用在中等强度到大强度之间的运动上，而只有在达到上限 35 分钟时，运动量才符合标准。也就是说，大部分的小学生达不到这一运动水平。还有一项研究观察了 274 名 3—6 年级学生在课余时间的活动水平。研究者将活动量水平分为不活动、中等强度活动和大强度活动。报告指出，有 40%的学生在课余时处于不活动状态；有 35%的 3—4 年级学生的自我报告显示他们每天没有一次体育活动的时间达到 10 分钟，这表明，孩子们在课余时间里不能自愿地从事有效的身体活动。

当前，在美国中小学里，体育教育仍然仅仅是学生接受教育，对身体活动进行教授和评价的一门科目。尽管体育课应该是有趣的、令人愉快地学习技能和进行比赛的一个时间段（McKenzie，Alcaraz & Sallis，1994），但是体育课还应该允许学生了解体育运动的益处并学会如何达到中等强度水平的锻炼（疾病控制和预防中心，1996；健康与人类服务部，1996）。有研究数据显示，对一些孩子来说，体育课是无趣并且被迫进行和不安全的（Carlson，1995；Portman，1995a），所以学生会想出各种办法来逃避身体锻炼（Hopple & Graham，1995），并且当前的许多计划都无法在学生的生活健康上起到积极作用（Tannehill & Zakrajsek，1993；Tinning & Fitzclarence，1992）。

在霍普勒和格雷厄姆（Hopple & Graham，1995）的研究里，三年级的学生被问到他们对一英里跑的印象。研究者发现，学生并不理解他们为什么要进行这项测试，并会想出几种逃避这项测试的办法，如装病、缺席、模仿医生或父母的笔迹写假条。就像前面所说的，如果体育运动进行得很成功，学生会认为体育课是有趣并令人愉快的（Carlson，1995；Portman，1995b；Sanders & Graham，1995；Tinning & Fitzclarence，1992），但相当大一部分的学生认为上体育课是难以忍受和不安全的。这种经验在很多研究中已经被证实（Carlson，1995；Portman，1995b；Sanders & Graham，1995）。

在《来自学生的声音——初高中学生对体育教育不得不说的话》（Couturier，Lynn E.，Chepko，Steveda，Coughlin & Mary Ann，2005）一文中，当问到学生选择体育课的最重要因素时，大多数学生的回答是他们想出去活动活动，他们喜欢竞技性团体项目，这能使他们更健康，同时也能得到更多乐趣。当被问到为什么选择不上体育课时，大多数学生回答他们不喜欢每年都做一些相同的活动，并且淋浴和换衣服很麻烦。

此前已经有许多对鼓励和妨碍学生参加体育课因素调查的研究。这些研究使许多州减少或消除了对体育课的强制要求（NASPE，1993）。如果体育教育要生存，教师就必须知晓学生是如何看待体育教育的。换句话说，就是要了解学生的态度、价值观和他们对体育课的障碍。

已有的研究提供了一些学生为什么选择或不选择参加体育课的观点。当课程和他们的生活相关、选择和活动种类多、有团体运动、男女合校且能提供有趣并令人愉快的活动时，学生是喜欢体育课的（Chen，1998；Earl & Stennett，1987；Figley，1985；Lirgg，1993；Luke & Sinclair，1991；Rice，1988；Stewart，Green & Huelskamp，1991；Tannehill，Romar，O'Sullivan，England & Rosenberg，1994；Tannehill & Zakrajsek，1993）。此时，喜欢体

育课的学生能克服换衣服、淋浴、必需的身体测试、恶劣的天气及可能造成伤害形成的各种困难（Earl & Stennett，1987；Ennis，Cothran，Davidson，Loftus，Owens，Swanson & Hopsiker，1997；Luke & Cope，1994；Luke & Sinclair，1991；Rice，1988；Scantling，Strand，Lackey & McAleese，1995；Tannehill & Zakrajsek，1993）。但这些对不喜欢体育课的学生来说，就是非常难以克服的困难。这类学生认为体育课只是重复的、乏味的、缺乏个人色彩的，竞争性太强或他们可能会被嘲笑或感到尴尬（Carlson，1995；Chen，1998；Cothran & Ennis，1998；Ennis，et al.，1997；Luke & Cope，1994；Luke & Sinclair，1991；Tannehill，et al.，1994；Tannehlll & Zakrajsek，1993）。

四、竞技运动造成的两极分化问题

美国学校体育还有一个两极分化的问题：一个是一部分学生处于相对不活动的状态；另一个是参与体育活动的学生许多被过早地引入了竞技体育。由于经济方面的原因，美国学校中的设备场地条件较好，加之成人竞技体育的影响，小学时已开展了专项竞技体育项目的教学和训练，很多小学已有自己的各种球类和田径校队，而且校际联赛频繁。对于这部分学生来说，他们的活动量是足够的，但其目的是竞技，并不是以健康卫生为目的。因此，美国学校体育教育中同时存在着一部分学生活动量严重不足而另一部分学生过早进入了竞技体育的矛盾现象。

许多美国体育教师往往会把体育天赋比较突出的学生作为专门培养的对象，致力于将其培养成能参加世界级体育比赛的优秀运动员；但对运动能力一般的学生，他们的关注程度较低，在学生体育锻炼和促进学生身体健康方面没有给予足够的重视。这对今天美国青少年肥胖人数急剧上升的局面有一定的影响。

有报告指出，身体上的休止状态对健康有害（US.DHHS，1996）。然而，接近一半的12～21岁的美国青少年基本上都处在一种久坐不动的状态中，而15%的孩子根本没有应有的身体活动（US.DHHS，1996）。弗雷德曼（Freedman，2002）的调查显示，1990—2000年，美国严重肥胖的人数已经上涨了大约3倍。数据显示，肥胖与教育成绩成反比，这就说明肥胖阻碍了有效的学习，或者说知识不足形成的生活方式导致了肥胖。这场危机呼吁政策制定者加强学校体育教育，给学生更好的身体活动和对其健康有益的教育。①

一方面，美国最大的59所大学为中学生提供大约10500个运动奖学金名额，平均每个学校200个。运动奖学金的数额足以使学生轻松度过大学的学习生活。对于大多数中学生及其家长来说，这无疑有着巨大的诱惑。美国的大学大都靠学生的学费维持生存和发展，学费自然也就相当的高。高额的学费对于一般家庭而言是一个不小的经济负担。所以许多美国中学生和家长都希望得到运动奖学金。另一方面，大学运动还是通往职业运动的必经之路。成为职业运动员是美国许多青少年，尤其是黑人学生的梦想。在美国，职业运动对于青少年而言是成功的象征，它意味着成就、金钱、名誉和地位。尽管真正成为职业运动员的学生只是极少数，但许多青少年都愿意参加这样残酷的竞争。“魔术师”约翰逊曾告诫黑人儿童，千万不要把职业运动轻易作为人生的目标，因为NBA只有400个席位，而几万个黑人儿童才产生一位职业球员。但他的告诫与其1.5亿美元的资产相比显得苍白无力。金钱梦把许多美国少年儿童卷入了体育商业化的浪潮之中。尽管

① Chen A，Ennis C D. Contemporary Issues on Motivation || Goals，Interests，and Learning in Physical Education[J]. Journal of Educational Research，2004，97（6）：329-338.

拳击运动对儿童的身体摧残十分严重，美国全国医疗协会也曾正式声明少年进行拳击运动是不人道的。可是，目前仍有7万多名10～15岁的男孩参加拳击训练，希望成为阿里或泰森式的人物。

纵观美国学校体育中现存的问题，可以看到在美国学校教育中，存在着重智育轻体育的现象。体育教育在学校教育中地位低，不受重视，这是制约学校体育发展的重要因素之一。对体育教师要求高、待遇低的现状造成了当今美国合格体育师资的缺乏。学生不能完全有效地参与体育课导致了学校体育课的低参与率。美国学校体育还有一个竞技运动造成的两极分化问题，一方面是一部分学生处于相对不活动的状态；另一方面是参与体育活动的学生许多被过早地引入了竞技体育。

第八节　美国学校体育对我国学校体育的启示

一、学校体育观念的启示

时至今日，我国学校体育中仍然存在着单纯的生物体育观和简单的应试教育观的问题。

单纯的生物体育观注重体育的生物学功能，片面强调学生的体质状况，忽视了体育在心理和社会交往等方面的作用，形成了“体育即育体”的狭隘观念。在我国中小学中，体育教学程式化、成人化、训练化现象不同程度地存在着。单纯的生物体育观忽视主体的参与，强调教师作为学生的主导者的地位和作用，仅仅追求学生在学校短期锻炼的结果，教学评价也仅仅把学生的体质是否增强作为唯一的标准，学校体育的重点全都放在实现近期目标，即如何增强体质的方法和手段上，这种观念使得学校体育流于表面形式，难以得到深入的发展。

另一个影响我国学校体育发展的是简单的应试教育观。主要表现为：①只抓学校体育代表队的少数几个尖子运动员，以在运动会上夺取成绩为目的，以获得冠军多寡作为评价学校体育工作的主要依据，学校体育课程设置和内容也几乎都是单一的竞技项目；②片面追求升学率，排挤体育与体育课，一切为文化课让路，严重挫伤了广大学生的积极性；③用应付考试的模式来教育学生，常常存在突击应付“达标”、上级检查等现象，中考加试体育往往是考什么练什么，强化练习考试项目，忽视学生个人兴趣、爱好、特长的培养，压抑学生个性的发展。

总体来看，我国学校体育的实践显示出了过多的“功利化”倾向，使得学生的体育锻炼兴趣不浓，健康意识淡薄，学生缺乏运动的习惯和能力。目前，单纯的生物体育观和应试教育观仍然严重影响着我国学校体育的发展。

20 世纪 90 年代以来，美国中小学体育强调体育的健康化与终身化。如今美国的学校体育课程面向全体学生，以增进学生的身心健康为主要目标；同时，体育教育的目标不只考虑在校阶段，而且着眼于未来，为学生的终身体育打下基础。体育的内容以具有终身体育价值的运动项目和健身知识为主。

我国教育部门应加大宣传力度，全力扭转整个社会的体育教育观，一改传统的学校体育功能单一化的局面，更多关注学校体育的人文价值。学校体育不仅要育“体”，而且要育“心”，使人们普遍地从过去的单纯生物体育观转向生物、社会、心理、教育的综合体育观，有效地培养学生良好的心理品质和社会适应能力。摒弃旧有的应试教育观，为学校体育从多层次、多样性的角度建立目标体系奠定思想上的基础。在学校体育中，首先考虑体育教育是否有利于学生身心健康和终身体育的发展，使体育课成为一门突出健康目标的课程。同时，努力实现终身体育的终极目标——使体育教育的价值在于增进学生的身体健康，提高心理健康水平，获得体育与健康知识和技能，增强社会适应能力，发展终身体育追求。

二、体育教学内容的启示

我国传统的体育教学要求学生掌握大量规范的运动技术动作，内容过于注重竞技化，致使体育教学几乎等同于运动训练，在一定程度上打击了大部分学生体育学习的积极性，不利于学生体育兴趣和锻炼习惯的养成。我国的学校体育从小学到高中，教学内容大量重复，降低了学校体育的学科价值和地位，同时也造成了学生对体育课兴趣的丧失。

虽然我国 2001 年颁布的《体育与健康课程标准》对教学内容的选择、教学时数的分配、教学方法的运用，都未做硬性规定，教师在教学内容的选择和安排上增强了灵活性。这从客观上要求各个学校的体育课程结构不能再仅仅局限于必修课，而应增加一些内容丰富的选修课。然而，通过实地考察，我们发现，在实施新课程以前，大部分学校并没有比较成熟的选修课基础，这使得部分学校的体育教师在实施新课程时感到无所适从（张华，2001）。

美国学校体育的课程内容尊重学生发展阶段的特点，通过各个阶段的身体能力和成熟度的提高来发展学生的身体技能，符合社会的发展规律。美国学校体育的内容一直都具有多样化的特点，丰富多样的教学内容给了学生很大的选择空间，对培养学生个性、发展终身体育起到了极大的推动作用。体育教学内容不仅有传统的竞技项目，更多的是有利于终身体育的各项健身运动和娱乐活动。

我国应正确处理竞技项目进体育课堂的事宜，充分发挥竞技体育的文化传递、健身、娱乐等功能，为增进学生的身心健康服务。由于竞技运动项目具有成人化的特点，有些项目在场地、器材及规则方面不适合青少年学生，因此，教师应对一些竞技运动项目的规则、器材、场地进行适当调整和改造，使之教材化、少年化、健身化，适应体育教学的要求。同时，教学中要加大体育学习的单元数量，减少不必要的重复，提高学生体育学习的主动性、探索性和创造性，培养学生的运动技能和终身体育的能力。此外，学校还可以增加一些内容丰富并且从学生身心发展的基本特征出发的选修课，提高体育运动的“多样性”和“娱乐性”，激发学生的学习兴趣，提高学习效果。

三、体育教学方法的启示

我国传统的教学方法主要是传授式教学和系统式教学。传授式教学强调教师的“教”，忽略了学生的兴趣和态度，使得学生的积极性和创造性得不到激发，个性受到压抑。在传授式教学中，教师具有绝对的“权威性”，学生的情感和价值观得不到应有的尊重和保护，使得学生在整个教学过程中都是被动学习、机械模仿。系统式教学则强调学生在技术动作学习上的系统性，完全等同于竞技运动的训练方法，这种教学方法仅仅考虑了运动学和生理学的规律，整个教学过程枯燥乏味，学生只是被动接受训练，不利于学生才能的施展和个性的发展。

美国的学校体育将教学过程看成是教师的教和学生的学统一起来的过程，是教师和学生双边活动的过程。美国教师的主要作用是“引导”，而不是“主导”，学生在教师的引导下，能独立自主地获取知识，这样有利于学生学习能力的提高。这种双边性的教学方法十分强调“学”在教学过程中的重要地位，有利于减轻师生双方的负担，提高学生学习的积极性和主动性，对强化教学效果，达到教学目标具有重要意义。同时，美国的学校体育重视程序教学法，即学生可以根据自己的实际情况来调整学习的速度和进度，这种教学方法遵循学生认知发展的阶段性规律，能照顾学生的个体差异，有利于使每一个学生都得到最好的发展。

我国应改变过于以教师为中心的教学形式，突出学生学习的主体性。在教学过程中，既要考虑运动学和生理学的规律，也要注重学生的情感体验，找到最适合学生学习的教学方法。在教学过程中重视学生积极性和创造性的培养，在教学方法上不搞“一刀切”，关注学生的个性化发展，对学生因材施教，使每一名学生的潜能都尽可能地得到最大的挖掘和发挥。

四、学校体育评价的启示

我国传统的体育评价过多强调评价的甄别与选拔功能，难以充分发挥评价在教学过程中的积极作用。在我国，学校体育的主要评价方法是终结性评价，带有明显的“功利性”色彩。终结性评价和教学过程同时结束，无法进行及时的反馈，不能适时地为学生改进技术、动作提供建议。在评价内容上，我国学校体育评价偏重对身体素质和运动技能的评价，忽略了对体育态度、合作精神等的评价，而这些是影响学生进行体育运动的深层动机和重要因素，对学生终身体育的形成和培养有重大的影响作用；在评价标准上，我国学校体育的评价标准绝对统一，对学生的个体差异性没有给予充分的考虑，这在一定程度上影响了学生的运动态度和兴趣，容易挫伤学生进行体育运动的积极性。

美国的学校体育普遍采用过程性评价，着重强调通过评价改善教学质量和激励学生学习。在评价内容上，美国的学校体育既强调客观评价，也重视主观评价，即除了评价学生的身体素质和运动技能外，还对学生的体育态度、合作精神等方面进行评价。在评价标准上，美国的学校体育强调个体评价，即以个人进步来评价学生的体育学习效果，而不是通过一个绝对统一的标准或相互比较来衡量。

这对我国学校体育的评价主要有三点启示：第一，我国的学校体育应以过程性评价代替终结性评价，这样能经常并及时地把评价结果反馈给教师和学生，能有效地改进教学活动；第二，建议我国的学校体育在评价内容上加强学生的主观评价，将学生的学习态度等主观因素加入评价内容，有利于学生终身体育的培养；第三，建议我国的学校体育不以统一标准来评价全体学生，依据个体的进步程度对学生进行评价，这样能充分考虑学生在身心发展方面的客观差异，从而使体育评价更加真实有效。

五、体育教师培养的启示

在学校体育中，无论是教学目标的实现，教学内容的完成，还是教学方法的运用与推广，都离不开教师。可以说，学校体育的成败在很大程度上有赖于教师的科学文化水平和教育理论修养。目前，我国在对教育投入不断增长的情况下，对体育教师教育的投入依旧不足，师范院校体育专业的办学条件相对较差，为了制约体育教师教育发展的瓶颈。体育教师教育机制的布局和层次结构还不尽合理；职前培养、入职教育和在职培训相互衔接的一体化程度较低；体育教师的教育观念和教学方法等不能适应现代化教育的要求；中小学体育教师的学科结构不够合理，特别是中小学体育教师的信息技术教育严重缺乏；体育教师的学历水平总体上偏低，专业化水平低等问题，严重制约了我国学校体育的发展。

美国在体育教师的培养上重视教师的专业化培养，高校对体育教师的职前培养非常重视，有严格的标准和要求。美国尤其重视教师职后的进修培训，使得在职的体育教师不断学习与专业有关的新知识、新技术，这使他们有机会了解本专业、学科的最新发展趋势。目前，美国体育教师的学历基本合格，专业水平能适应学校体育的要求和发展。

我国应加大对体育教师培养的投入，提高师范院校体育教育专业的办学条件；改善我国体育师资培养的专业设置、课程安排等，使体育教师的知识能力结构与社会和教育发展对人才的需求紧密结合；注重体育教师的继续教育，在信息技术的培训上与时俱进，并在课程设置、形式安排等方面发挥更大的灵活性。

参考文献

一、中文部分

[1] 陈宝森，王荣军，罗振兴. 当代美国经济[M]. 北京：社会科学文献出版社, 2001.

[2] 卢瑟·S. 路德克. 构建美国：美国的社会与文化[M]. 南京：江苏人民出版社，2006.

[3] 潘绍伟，于可红. 学校体育学[M]. 北京：高等教育出版社，2005.

[4] 韦恩·厄本，杰宁斯·瓦格纳. 美国教育：一部历史档案[M]. 北京：中国人民大学出版社，2009.

[5] 吴斐. 美国社会与文化[M]. 武汉：武汉大学出版社，2003.

二、英文部分

[1] Aicinena S. The Teacher and Students Attitudes towards Physical Education[J]. Physical Educator, 1991, 48(1): 28-32.

[2] Alexander P A, Jetton T L, Kulikowich J M. Interrelationship of Knowledge, Interest, and Recall: Assessing a Model of Domain Learning[J]. Journal of Educational Psychology, 1995, 87(4): 559-575.

[3] Wrynn A. Contesting the Canon: Understanding the History of the Evolving Discipline of Kinesiology[J]. Quest, 2003, 55(3): 244-256.

[4] Ames C. Classrooms: Goals, Structures, and Student Motivation [J]. Journal of Educational Psychology, 1992, 84(3): 261-271.

[5] Cox A E, Smith A L, Williams L. Change in Physical Education Motivation and Physical Activity Behavior during Middle School[J]. Journal of Adolescent Health: Official Publication of the Society for Adolescent Medicine, 2008, 43(5): 506-513.

[6] Armour K M, Yelling M. Professional Development and Professional Learning: Bridging the Gap for Experienced Physical Education Teachers[J]. European Physical Education Review, 2004, 10(1): 71-93.

[7] Armstrong K L, O'Bryant C, Costa C. An Assessment of the Factors that Influence the Promotion and Delivery of Sport, Fitness, and Health Courses: Contributions of Marketing to Physical Education[J]. Physical Educator, 2002, 59(3): 139-150.

[8] Bailey D A, Martin A D. Physical Activity and Skeletal Health in Adolescents[J]. Pediatric and Exercise Science, 1994, 6(4): 330-347.

[9] Benham-Deal T, Jenkins J M, Wallhead T, et al. The Impact of State Standards on Physical Education in Wyoming—A Decade of Change[J]. Physical Educator, 2007, 64(2): 81-93.

[10] Blair S, Morrow M. Surgeon General's Report on Physical Fitness[J]. Health and Fitness Journal, 1997, 1(1): 14-18.

[11] Borra S T, Schwartz N E, Spain C G, et al. Food, Physical Activity, and Fun: Inspiring America's Kids to More Healthful Lifestyles[J]. Journal of the American Dietetic Association, 1995, 95(7): 816-818.

[12] Bulger S M, Mohr D J, Carson L M, et al. Infusing Health-

Related Physical Fitness in Physical Education Teacher Education[J]. Quest, 2001, 53(4): 403-417.

[13] Carlson T B. We Hate Gym: Student Alienation from Physical Education[J]. Journal of Teaching in Physical Education, 1995, 14(4): 467-477.

[14] Ennis C D. Curriculum: Forming and Reshaping the Vision of Physical Education in a High Need, Low Demand World of Schools[J]. Quest, 2006, 58(1): 41-59.

[15] Chen A. A Theoretical Conceptualization for Motivation Research in Physical Education: An Integrated Perspective[J]. Quest, 2001, 53(1): 35-58.

[16] Chen A, Darst P W. Individual and Situational Interest: The Role of Gender and Skill[J]. Contemporary Educational Psychology, 2002, 27(2): 250-269.

[17] Chen A, Darst P W. Situational Interest in Physical Education: A Function of Learning Task Design[J]. Research Quarterly for Exercise and Sport, 2001, 72(2): 150-164.

[18] Clifton R T, Gill D L. Gender Differences in Self-confidence on a Feminine-typed Task[J]. Journal of Sport & Exercise Psychology, 1994, 16(2): 150-162.

[19] Corbin C B. Physical Activity for Everyone: What Every Physical Educator Should Know about Promoting Lifelong Physical Activity[J]. Journal of Teaching in Physical Education, 2002, 21(2): 128-144.

[20] Cothran D J, Ennis C D. Alone in a Crowd: Meeting Students' Needs for Relevance and Connection in Urban High School Physical Education[J]. Journal of Teaching in Physical Education,

1999, 18(2): 234-247.

[21] Cothran D J, Ennis C D. Curricula of Mutual Worth: Comparisons of Students' and Teachers' Curricular Goals[J]. Journal of Teaching in Physical Education, 1998, 17(3): 307-326.

[22] Darst P W. Fitness Routines for Directing Students toward a Physically Active Lifestyle[J]. Journal of Physical Education, Recreation & Dance, 2001, 72(8): 27-29.

[23] Penney D, Jess M. Physical Education and Physically Active Lives: a Lifelong Approach to Curriculum Development[J]. Sport Education & Society, 2004, 9(2): 269-287.

[24] Dencker M, Thorsson O, Karlsson M K, et al. Daily Physical Activity Related to Body Fat in Children 8-11 Years[J]. The Journal of Pediatrics, 2006, 149(1): 38-42.

[25] Mears D. The Effects of Physical Education Requirements on Physical Activity of Young Adults[J]. American Secondary Education, 2008, 36 (3): 70-83.

[26] Dishman R K. Exercise Adherence Research: Future Directions [J]. American Journal of Health Promotion, 1988, 3(1): 52-56.

[27] Cothran D J. Curricular Change in Physical Education: Success Stories from the Front Line[J]. Sport Education & Society, 2001, 6(1): 67-79.

[28] Duda J L, Nicholls J G. Dimensions of Achievement Motivation in Schoolwork and Sport[J]. Journal of Educational Psychology, 1992, 84(3): 290-299.

[29] Duncan S. The Role of Cognitive Appraisal and Friendship Provisions in Adolescents' Affect and Motivation toward Activity in Physical Education[J]. Research Quarterly for

Exercise & Sport, 1993, 64(3): 314-323.

[30] Elliot A J. Approach and Avoidance Motivation and Achievement Goals[J]. Educational Psychologist, 1999, 34(3): 169-189.

[31] Ennis C D. Students' Experiences in Sport-Based Physical Education: More Than Apologies are Necessary[J]. Quest, 1996, 48(4): 453-456.

[32] Ennis C D, Cothran D J, Davidson K S, et al. Implementing Curriculum Within a Context of Fear and Disengagement[J]. Journal of Teaching in Physical Education, 1997, 17(1): 52-71.

[33] Ennis C D. The Influence of Value Orientations in Curriculum Decision Making[J]. Quest, 1992, 44(3): 317-329.

[34] Eston R G, Rowlands A V, Ingledew D K. Validity of Heart Rate, Pedometry, and Accelerometry for Predicting the Energy Cost of Children's Activities[J]. Journal of Applied Physiology, 1998, 84(1): 362-371.

[35] Ferguson K J, Yesalis C E, Pomrehn P R, et al. Attitudes, Knowledge, and Beliefs as Predictors of Exercise Intent and Behavior in School-children[J]. Journal of School Health, 1989, 59(3): 112-115.

[36] Figley G E. Determinants of Attitudes Toward Physical Education[J]. Journal of Teaching in Physical Education, 1985, 4(4): 229-240.

[37] Fleming D S, Mitchell M F, Gorecki J J, et al. Students Change and So Do Good Programs: Addressing the Interests of Multicultural Secondary Students[J]. Journal of Physical Education, Recreation & Dance, 1999, 70(2): 79-83.

[38] Freedman D S, Khan L K, Serdulamk, et al. Trends and

Correlates of Class 3 Obesity in the United States From 1990 Through 2000[J]. Journal of the American Medical Association, 2002, 288(14): 1758-1761.

[39] Frömel K, Vasícková J, Krapkova J. Esthetic Aspects of Physical Education Classes for Girls[J]. Physical Educator, 2000, 57(3): 146-151.

[40] Goudas M, Biddle S, Fox K, et al. It Ain't What You Do, It's the Way that You Do It! Teaching Style Affects Children's Motivation in Track and Field Lessons[J]. Sport Psychologist, 1995, 9(3): 254-264.

[41] Greendorfer S L. The Role of Socializing Agents in Female Sport Involvement[J]. Research Quarterly, 1977, 48(2): 304-310.

[42] Welk G J. The Role of Physical Activity Assessments for School-based Physical Activity Promotion[J]. Measurement in Physical Education and Exercise Science, 2008, 12(3): 184-206.

[43] Griffin P S. Girls' Participation Patterns in a Middle School Team Sports Unit[J]. Journal of Teaching in Physical Education, 1984, 4(1): 30-38.

[44] Ha A S, Johns D P, Shiu E W. Students' Perspective in the Designand Implementation of the Physical Education Curriculum [J]. Physical Educator, 2003, 60(4): 194-207.

[45] Hastie P. Applied Benefits of the Sport Education Model[J]. Journal of Physical Education, Recreation & Dance, 1998, 69(4): 24-26.

[46] Hedley A A, Ogden C L, Johnson C L, et al. Prevalence of

Overweight and Obesity Among U. S. Children, Adolescents, and Adults, 1999-2002[J]. Journal of the American Medical Association, 2004, 291(23): 2847-2850.

[47] Hooper J M, Leoni E. A Physical Activity Continuum and the Surgeon General's Report[J]. Journal of Physical Education, Recreation & Dance, 1996, 67(9): 62-63.

[48] Hopple C, Graham G. What Children Think, Feel, and Know about Physical Fitness Testing[J]. Journal of Teaching in Physical Education, 1995, 14(4): 408-417.

[49] Iverson D C, Fielding J E, Crow R S, et al. The Promotion of Physical Activity in the United States Population: the Status of Programs in Medical, Worksite, Community, and School Settings [J]. Public Health Reports, 1985, 100(2): 212-224.

[50] Lake J R, Stratton G, Martin D, et al. Physical Education and Sustainable Development: An Untrodden Path[J]. Quest, 2001, 53(4): 471-482.

[51] Jenkins J M, Jenkins P, Collums A, et al. Student Perceptions of a Conceptual Physical Education Activity Course[J]. Physical Educator, 2006, 63(4): 210-221.

[52] Joens-Matre R R, Welk G J, Calabro M A, et al. Rural-urban Differences in Physical Activity, Physical Fitness, and Overweight Prevalence of Children[J]. Journal of Rural Health, 2008, 24(1): 49-54.

[53] Dunn J M. Honoring the Past—Embracing the Future[J]. Quest, 2001,53(4): 495-506.

[54] Johnson J, Deshpande C. Health Education and Physical Education: Disciplines Preparing Students as Productive,

Healthy Citizens for the Challenges of the 21st Century[J]. Journal of School Health, 2010, 70(2): 66-68.

[55] Armour K M, Yelling M. Effective Professional Development for Physical Education Teachers: The Role of Informal, Collaborative Learning[J]. Journal of Teaching in Physical Education, 2007, 26(2): 177-200.

[56] Armour K M, Duncombe R. Teachers' Continuing Professional Development in Primary Physical Education: Lessons from Present and Past to Inform the Future[J]. Physical Education & Sport Pedagogy, 2004, 9(1): 3-21.

[57] Katz D L, O'Connell M, Yeh M C, et al. Public Health Strategies for Preventing and Controlling Overweight and Obesity in School and Worksite Settings: a Report on Recommendations of the Task Force on Community Preventive Services[J]. Morbidity and Mortality Weekly Report, 2005, 54(10): 1-12.

[58] Kimm S, Barton B, Obarzanek E, et al. Obesity Development During Adolescence in a Biracial Cohort: The NHLBI Growth and Health Study[J]. Pediatrics, 2002, 110(5): 54.

[59] Kowalski K C, Crocker R E, Kowalski N P. Convergent Validity of the Physical Activity Questionnaire for Adolescents[J]. Pediatric Exercise Science, 1997, 9(4): 342-352.

[60] Lambert L T. A Differentiated Goal Structure Framework for High School Physical Education[J]. Journal of Physical Education, Recreation & Dance, 1999, 70(2): 20-24.

[61] Fiorentino L H. Service-Based Scholarship: An Impetus for Change in Physical Education in Higher Education[J]. Quest,

1997, 49(4): 369-379.

[62] Lee A M, Fredenburg K, Belcher D, et al. Gender Differences in Children's Conceptions of Competence and Motivation in Physical Education[J]. Sport Education and Society, 1999, 4(2): 161-174.

[63] Lenskyj H J. Girl-Friendly Sport and Female Values[J]. Women in Sport and Physical Activity Journal, 1994, 3(1): 35-45.

[64] Lirgg C D. Effects of Same-Sex Versus Coeducational Physical Education on the Self-Perceptions of Middle and High School Students[J]. Research Quarterly for Exercise and Sport, 1993,64(3): 324-334.

[65] Livingston L A. Re-defining the Role of Physical Activity Courses in the Preparation of Physical Education Teaching Professionals[J]. Physical Educator, 1996, 53(3): 114-121.

[66] Locke L F. Changing Secondary School Physical Education[J]. Quest, 1992, 44(3): 361-372.

[67] Luke M D, Sinclair G D. Gender Differences in Adolescents' Attitudes Toward School Physical Education[J]. Journal of Teaching in Physical Education, 1992, 11(1): 31-46.

[68] Malina R M. Tracking of Physical Activity and Physical Fitness across the Lifespan[J]. Research Quarterly for Exercise and Sport, 1996, 67(3): 48-57.

[69] Mandigo J L, Holt N L. Elementary Students' Accounts of Optimal Challenge in Physical Education[J]. Physical Educator, 2006, 63(4): 170-183.

[70] Mathes S, Battista R. College Men's and Women's Motives for Participation in Physical Activity[J]. Perceptual & Motor

Skills, 1985, 61(3): 719-726.

[71] Curtner-Smith M D, Kerr I G, Hencken C L. Teacher Behaviours Related with Pupil Psychosocial Development in Physical Education: a Descriptive-analytic Study[J]. Educational Research, 1995, 37(3): 267-277.

[72] Mckenzie T L, Alcaraz J E, Sallis J F. Assessing Children's Liking for Activity Units in an Elementary School Physical Education Curriculum[J]. Journal of Teaching in Physical Education, 1994, 13(3): 206-215.

[73] Metzler M. A Review of Research on Time in Sport Pedagogy [J]. Journal of Teaching in Physical Education, 1989, 8(2): 87-103.

[74] Beets M W, Pitetti K H. Contribution of Physical Education and Sport to Health related Fitness in High School Students[J]. Journal of School Health, 2005, 75(1): 25-30.

[75] Morgan P. Teacher Perceptions of Physical Education in the Primary School: Attitudes, Values and Curriculum Preferences [J]. Physical Educator, 2008, 65(1): 46-56.

[76] Nahas M V, Goldfine B, et al. Determinants of Physical Activity in Adolescents and Young Adults: The Basis for High School and College Physical Education to Promote Active Lifestyles[J]. Physical Educator, 2003, 60(1): 42-56.

[77] Ogden C L, Carroll M D, Curtin L R, et al. Prevalence of Overweight and Obesity in the United States, 1999-2004[J]. Journal of the American Medical Association, 2006, 295(13): 1549-1555.

[78] Ogden C L, Flegal K M, Carroll M D, et al. Prevalence and

Trends in Overweight among US Children and Adolescents, 1999-2000[J]. Journal of the American Medical Association, 2002, 288(14): 1728-1732.

[79] Olafson L. "I Hate Phys. Ed.": Adolescent Girls Talk about Physical Education[J]. Physical Educator, 2002, 59(2): 67-74.

[80] Paffenbarger R S Jr, Hyde R T, Wing A L, et al. The Association of Changes in Physical-Activity Level and Other Lifestyle Characteristics with Mortality among Men[J]. New England Journal of Medicine, 1993, 328: 538-545.

[81] Papaioannou A. Differential Perceptual and Motivational Patterns When Different Goal are Adopted[J]. Journal of Sport & Exercise Psychology, 1995, 17(1): 18-34.

[82] Pate R R, Pratt M, Blair S N, et al. A recommendation from The Centers for Disease Control and Prevention and the American College of Sports Medicine[J]. Journal of the American Medical Association, 1995, 273(5): 402-407.

[83] Griffin P S. Teaching in an Urban, Multiracial Physical Education Program: The Power of Context[J]. Quest, 1985, 37(2): 154-165.

[84] Patterson P, Faucette N. Attitudes toward Physical Activity of Fourth and Fifth Grade Boys and Girls[J]. Research Quarterly for Exercise and Sport, 1990, 61(4): 415-418.

[85] Pennington T R, Krouscas J A. Connecting Secondary Physical Education with the Lives of Students[J]. Journal of Physical Education, Recreation & Dance, 1999, 70(1): 34-39.

[86] Ward P, Doutis P. Chapter 2: Toward a Consolidation of the Knowledge Base for Reform in Physical Education[J]. Journal

of Teaching in Physical Education, 1999, 18(4): 382-402.

[87] Portman P A. Coping Behaviors of Low-Skilled Students in Physical Education: Avoid, Announce, Act Out, and Accept[J]. Physical Educator, 1995, 52(1): 29-39.

[88] Portman P A. Who Is Having Fun in Physical Education Classes? Experiences of Sixth-Grade Students in Elementary and Middle Schools[J]. Journal of Teaching in Physical Education, 1995, 14(4): 445-453.

[89] Pringle R. Physical Education, Positivism, and Optimistic Claims From Achievement Goal Theorists[J]. Quest, 2000, 52(1): 18-31.

[90] Quarterman J, Harris G, Chew R M. African American Students' Perceptions of the Values of Basic Physical Education Activity Programs at Historically Black Colleges and Universities [J]. Journal of Teaching in Physical Education, 1996, 15(2): 188-204.

[91] Rice P L. Attitude of High School Students toward Physical Education Activities, Teachers, and Personal Health[J]. Physical Educator, 1988, 45(2): 94-99.

[92] Bailey R, Morley D. Towards a Model of Talent Development in Physical Education[J]. Sport Education & Society, 2006, 11(3): 211-230.

[93] Lowry R, Wechsler H, Kann L, et al. Recent Trends in Participation in Physical Education Among US High School Students[J]. Journal of School Health, 2001, 71(4): 145-152.

[94] Ross J G, Pate R R, et al. The National Children and Youth Fitness Study": Home and Community in Children's Exercise

Habits [J]. Journal of Physical Education, Recreation and Dance, 1987, 58(9): 85-92.

[95] Sallis J F, McKenzie T L. Physical Education's Role in Public Health[J]. Research Quarterly for Exercise & Sport, 1991, 62(2): 124-137.

[96] Gibbons S L, Ebbeck V. The Effect of Different Teaching Strategies on the Moral Development of Physical Education Students[J]. Journal of Teaching in Physical Education, 1997, 17(1): 85-98.

[97] Levin S, Mckenzie T L, Hussey J R, et al. Variability of Physical Activity during Physical Education Lessons across Elementary School Grades[J]. Measurement in Physical Education & Exercise Science, 2001, 5(4): 207-218.

[98] Lee S M, Burgeson C R, Fulton J E, et al. Physical Educationand Physical Activity: Results from the School Health Policies and Programs Study 2006[J]. Journal of School Health, 2007,77(8): 435-463.

[99] Scantling E, Strand B, Lackey D, et al. An Analysis of Physical Education Avoidance[J]. Physical Educator, 1995,52(4): 197-202.

[100] Drewe S B. The Logical Connection between Moral Education and Physical Education[J]. Journal of Curriculum Studies, 2000, 32(4): 561-573.

[101] Siedentop D. Thinking Differently about Secondary Physical Education[J]. Journal of Physical Education, Recreation & Dance, 1992, 63(7): 69-72.

[102] Siedentop D. What is Sport Education and How Does it

Work?[J]. Journal of Physical Education Recreation & Dance, 1998, 69(4): 18-20.

[103] Silverman S, Subramaniam P R. Student Attitude Toward Physical Education and Physical Activity: A Review of Measurement Issues and Outcomes[J]. Journal of Teaching in Physical Education, 1999, 19(1): 97-125.

[104] Silverman S. Research on Teaching in Physical Education[J]. Research Quarterly for Exercise & Sport, 1991, 62(4): 352-364.

[105] Simons-Morton B G, O'Hara N M, Parcel G S, et al. Children and Fitness: A Public Health Perspective[J]. Research Quarterly for Exercise & Sport, 1987, 58(4): 295-303.

[106] Slava S, Laurie D R, Corbin C B. Long-Term Effects of a Conceptual Physical Education Program[J]. Research Quarterly for Exercise & Sport, 1984, 55(2): 161-168.

[107] Smoll F L, Schutz R W. Children's Attitudes Toward Physical Activity: A Longitudinal Analysis[J]. Journal of Sport Psychology, 1980, 2(2): 137-147.

[108] Smoll F L, Schutz R W, Keeney J K. Relationships among Children's Attitudes, Involvement, and Proficiency in Physical Activities[J]. Research Quarterly, 1976, 47(4): 797-803.

[109] Spink K S, Carron A V. The Effects of Team Building on the Adherence Patterns of Female Exercise Participants[J]. Journal of Sport & Exercise Psychology, 1993, 15(1): 39-49.

[110] Spray C M, Biddle J H. Achievement Goal Orientations and Participation in Physical Education Among Male and Female Sixth Form Students[J]. European Physical Education Review,

1997, 3(1): 83-90.

[111] Spray C M, Biddle J H, Fox K R. Achievement Goals, Beliefs about the Causes of Success and Reported Emotion in Post-16 Physical Education[J]. Journal of Sports Sciences, 1999, 17(3): 213-219.

[112] Stewart M, Green S, Huelskamp J. Secondary Student Attitudes toward Physical Education[J]. Physical Educator, 1991,48(2): 72-79.

[113] Strand B, Scantling B. An Analysis of Secondary Student Preferences towards Physical Education[J]. Physical Educator, 1994, 51(3): 119-129.

[114] Stucky-ropp R C, Dilorenzo T M. Determinants of Exercise in Children[J]. Preventive Medicine, 1993, 22(6): 880-889.

[115] Tannehill D, Zakrajsek D. Student Attitudes towards Physical Education: A Multicultural Study[J]. Journal of Teaching in Physical Education, 1992, 13(1): 78-84.

[116] Tannehill D, Romar J E, O'Sullivan M, et al. Attitudes toward Physical Education: Their Impact on How Physical Education Teachers Make Sense of Their Work[J]. Journal of Teaching in Physical Education, 1994, 13(4): 406-420.

[117] Romance T J, Weiss M R, Bockoven J. A Program to Promote Moral Development through Elementary School Physical Education[J]. Journal of Teaching in Physical Education, 1986, 5(2): 126-136.

[118] Wandzilak T. Values Development Through Physical Education and Athletics[J]. Quest, 1985, 37(2): 176-185.

[119] Tinsley B J, Holtgrave D R, Reise S P, et al. Developmental

Status, Gender, Age, and Self-Reported Decision-Making Influences on Students' Risky and Preventive Health Behaviors [J]. Health Education Quarterly, 1995, 22(2): 244-259.

[120] Tobias S. Interest, Prior Knowledge, and Learning[J]. Review of Educational Research, 1994, 64(1): 37-54.

[121] Treanor L, Graber K, Housner L, et al. Middle School Students' Perception of Coeducational and Same-Sex Physical Education Classes[J]. Journal of Teaching in Physical Education, 1998, 18(1): 43-56.

[122] Tudor-Locke C, Ainsworth B E, Thompson R W, et al. Comparison of Pedometer and Accelerometer Measures of Free-living Physical Activity[J]. Medicine and Science in Sports and Exercise, 2002, 34(12): 2045-2051.

[123] Walling M D, Duda J L. Goals and Their Associations with Beliefs about Success in and Perceptions of the Purposes of Physical Education[J]. Journal of Teaching in Physical Education, 1995, 14(2): 140-156.

[124] Welk G J. The Youth Physical Activity Promotion Model: A Conceptual Bridge between Theory and Practice[J]. Quest, 1999, 51(1): 5-23.

[125] Wright M T, Patterson D L, Cardinal B J. Increasing Children's Physical Activity[J]. Journal of Physical Education, Recreation & Dance, 2000, 71(1): 26-29.

后　　记

作为一个族群构成多元而复杂，同时又缺乏悠久历史传统的国家，美国的多元文化一直是一个值得深究的问题。两百多年来，维系美利坚民族凝聚力的核心不是共同的族群和文化特征，而是自由、平等、民主这些价值观及在此基础上形成的政治信条。美国是一个以移民为主体组成的国家，历史上曾经以“大熔炉”而著称。随着种族和族群多元化的加剧及多元文化主义等社会运动的兴起，20 世纪中期以后，美国对少数族裔移民的态度发生了较大的变化，执政者逐渐放弃了同化政策，将少数族群作为平等的文化群体对待，开始承认少数族群的文化权。

多元文化的融合是今天美国作为移民国家的显著文化特征。虽然不同民族之间的文化特性有着较大的差异，但多元文化强调各民族文化差异的合理性，美国在传统上不以某一个民族或群体的历史经验为准绳，多元文化的目标指向多元平等，即所谓的“群体认同和群体权利”。

早在 2007 年，我国的政府工作报告中就已出现“教育公平”，可见教育公平从来都是一个让政府重视的议题。教育公平的含义较为深远，特别是其中包含的教育机会均等的问题。在我国的多民族地区，教育由于各种因素的制约，还有所差异。在这种情况下，对美国体育教育中的多元文化融合机制进行研究就显得十分必要。

在文化的构成上，黑人文化、拉丁文化、东方文化及印第安文化都是美国文化的一部分，但最早确立支配地位的欧洲文化尤其是盎格鲁–新教文化无疑是最重要的。族群文化多元与国家政治一体之间的张力必然会影响少数族裔的国家认同，但体育作为全球化背景下一种特殊的文化形式，在国家认同的形成中发挥着重要作用，是国家认同的重要载体。在以往的几十年里，美国在解决民族问题上有一些值得肯定的经验。我国作为一个国情复杂的多民族统一国家，对美国体育中的民族身份与国家认同进行研究，有助于我们借鉴美国体育中的部分国家认同路径，有利于维护国家的稳定与社会的和谐。

虽然对美国的研究浩如烟海，但具体到体育中的多元文化融合机制及民族身份与国家认同，国内学者则没有专门的系统研究。由于取得一手资料和数据的难度较大，美国的国情十分复杂，加上缺乏严格的理论分析和一般性的机制分析，只有某些个案可以考察，这方面的研究有待后继者进一步的系统性深化研究。

就目前来说，国内的研究成果存在研究视角单一和系统性不足的问题，而国外的学者又局限于自身所处的环境和看问题的角度，相关的研究成果尚不多。在对美国的多元文化和体育教育进行了详尽深入的研究后，我们期待更多相关的深入研究出现。